山西语言实践照片

REPUBLICA DE COSTA RICA
PASAPORTE
THAILAND PASSPORT
ประเทศไทย
THAILAND PASSPORT
ESPAÑA

出发之前

北京语言大学汉语进修学院2019年来华留学生

长途语言实践报告集

牟世荣　姚路宁◎编

图书在版编目（CIP）数据

锦绣中华行：北京语言大学汉语进修学院2019年来华留学生长途语言实践报告集 / 牟世荣，姚路宁编 . -- 北京：中国书籍出版社，2020.10

ISBN 978-7-5068-8029-9

Ⅰ. ①锦… Ⅱ. ①牟… ②姚… Ⅲ. ①汉语－对外汉语教学－文集 Ⅳ. ①H195-53

中国版本图书馆CIP数据核字（2020）第195889号

锦绣中华行：北京语言大学汉语进修学院2019年来华留学生长途语言实践报告集

牟世荣　姚路宁　编

责任编辑　王志刚
责任印制　孙马飞　马　芝
封面设计　刘　桐
出版发行　中国书籍出版社
社　　址　北京市丰台区三路居路97号（邮编：100073）
电　　话　（010）52257143（总编室）　（010）52257153（发行部）
邮　　箱　chinabp@vip.sina.com
经　　销　全国新华书店
印　　刷　廊坊市海涛印刷有限公司
开　　本　880mm × 1230mm　1/32
字　　数　198千字
印　　张　7.75
版　　次　2020年10月第1版　2020年10月第1次印刷
书　　号　ISBN 978-7-5068-8029-9
定　　价　59.00元

赴山西前在火车站合影

与同学一起体验卧铺

参观东湖醋园

东湖醋园一角

品尝山西陈醋

在山西博物院前合影（一）

在山西博物院前合影（二）

在山西博物院展馆内合影

参观平遥古城

聚餐中的同学们（一）

聚餐中的同学们（二）

平遥夜景

参观常家庄园

在常家庄园合影

河南语言实践照片

同学们在河南安阳参观殷墟遗址

参观许慎文化园

与漯河当地书法家交流

参加『许慎与说文解字』主题讲座

走进漯河当地小学课堂

与漯河小学生一起学习中国传统乐器

与漯河小学生一起学习剪纸

与漯河小学生一起学习书法（一）

与漯河小学生一起学习书法（二）

与漯河小学生一起学习书法（三）

与漯河小学生一起感受科学的魅力（一）

与漯河小学生一起感受科学的魅力（二）

来自格鲁吉亚的玛丽同学给小学生表演中国说唱歌曲

在漯河小学写字留念（一）

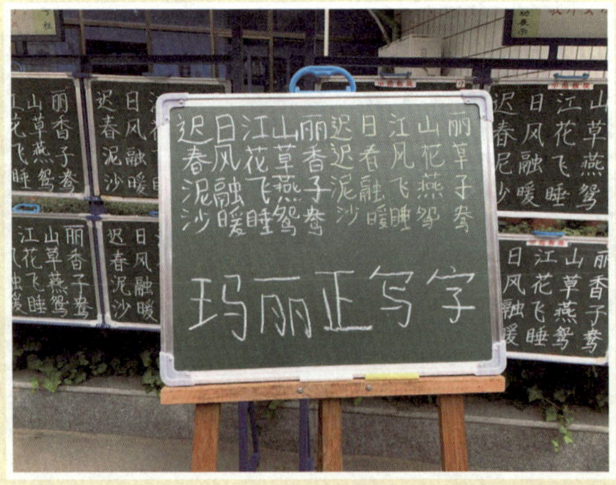

在漯河小学写字留念（二）

与漯河小学生合影

参观漯河食品企业和科技公司

留学生在参观时
接受当地媒体采访

走进漯河市沙澧河风景区

在漯河市沙澧河风景区合影留念

目录 CONTENTS

IV 锦绣中华行

3051班

第二部分 河南语言实践报告

2051班

2052班

前言

汉语进修学院是北京语言大学接收来华留学生的主要学院之一，长期承担来华留学生汉语言进修教育，学院对留学生培养目标是：通过多样化的教学，使学习者在原有基础上不同程度地提高汉语交际能力，加深对中国历史、文化及现状的了解，成为能够满足国际社会需求、熟练使用汉语的高素质应用型人才。

在教学工作中，学院既注重对学生语言技能的培养和提高，同时也十分注重对学生进行中国文化的熏陶。因此，学院每学期都会组织留学生参加长途语言教学实践活动，给留学生提供实地学习汉语、深入了解中国的机会。

2019 年 11 月 13—15 日，汉语进修学院组织初级（下）和高级（下）留学生赴山西省开展了为期 3 天的语言实践活动。山西是中华文明发祥地之一，也是民族融合、文化交融之地，有着悠久的历史，文物古迹众多；改革开放 40 年来，山西发生了历史性巨变、取得了辉煌成就。在这次实践中，留学生们参观了东湖醋园、山西博物院、平遥古城、常家庄园等，亲身感受到了中国传统文化，了解了中国国情，同时在实践中提高了汉语水平，进一步激发了学习汉语、学习中国历史和文化的热情。

2019 年 11 月 19—22 日，学院又组织了近百名留学生赴河南安阳、漯河两地进行了为期 4 天的语言实践活动，开启了一场品味汉字文化、感受城市发展的文化体验之旅。这次实践中，大家参观了殷墟宫殿遗址博物馆、许慎文化园，并与当地小学生开展了一次近距离的交流与互动，参加了两场“许慎与说文解字”的主题讲座，还参观了漯河食品企业和科技公司，感受到了中国传统文化与现代科技的双重魅力。

回到学校后，留学生们交出了实践汇报。他们写出的内容丰富生动、力透纸背。虽然他们的汉语表达水平有高有低，有些句子还不太流畅地道，但每一个人都在用真情实感叙说着自己的中国故事。为了将承载着学生学习成果、记录着学生实践足迹、渗透着教师辛勤工作的文字呈现给大家，学院将留学生们撰写的实践报告汇编成册，留做纪念。

编者

2020 年 9 月

第一部分

山西语言实践报告

山西语言实践报告

［委内瑞拉］艾米莉（1151班）

山西省是让人去了一次还想去的奇妙的地方之一。我的收获很多。为什么？答案很简单，这个地方有悠久的历史和灿烂的文化，是中国人为之感到自豪的地方。

这是我第一次去山西。虽然我们没有足够的时间参观很多地方，但是通过两天的游历，也可窥一斑。

我们去了一些比较有特色的地方，比如东湖醋园、山西博物院、平遥古城和常家庄园。第一天，在太原，我们很早出发，一起参观了山西老陈醋集团（东湖醋园）。这是一次特别的机会，我们参观和了解了中国乃至世界上最著名的食醋制作过程。我们尝了尝这些醋，如果你们问我它的味道怎么样，我会回答：酸极了！不过，它对身体有很多好处。

然后，我们马上去了山西博物院，在那儿了解山西数千年的历史。这个地方不仅很大，而且有不少的展览。我爱好艺术，所以这令我印象非常深刻。特别吸引我的是建筑展览，房屋和宫殿的建造非常出色，让我感受到了中国人丰富的想象力和特殊的创造力。

三个小时以后，我们坐大巴赴平遥古城。在路上，我能欣赏到自然风景。我们一到这个地方就开始逛街。城内是传统的商业街，街道两旁林立一家家传统名店。这座古城被评为世界文化遗产，因为它拥有 2700 多年的历史。真有意思！平遥让我想起了开平（在广东省），也是人类的文化遗产。两个地方都有特殊的安静气氛。晚上，我们欣赏了灯光秀，那个表演结合了古代与现代风格。

第二天，我们去了常家庄园（晋中），也是很安静的地方。这个地方结合了自然风景与古代建筑，每个院落中随处可见砖雕、木雕、石雕和木构件上的彩绘艺术。我以前在电视上看过这个自然与建筑相结合的庄园，但是亲眼看见的比电视上更漂亮。

关于食物，我们去了一些当地的饭馆，尝了用醋和面条做的不同的菜，非常好吃！山西省有各种各样的菜值得品尝，还有好多美味的小吃。另外，吃饭的时候我喜欢跟同学们聊天儿，也交了新朋友。

最后，我非常享受这次美妙经历的每一秒。感谢学校和老师们给了我们了解中国的机会，我非常满意！

山西的美好回忆

［哥伦比亚］安德利亚（1151班）

为了更好地了解中国文化，同时练习汉语，北京语言大学决定带我们去山西省旅行。山西省有 3000 多年的历史，这是一个非常有趣的地方，有很多值得看的东西。

我们 11 月 13 日晚上从学校出发，大约有 112 人，包括学生和老师。我们先乘坐大巴去北京站，然后从北京站乘坐快车到太原，虽然我们不得不在火车上睡觉，但是我觉得那是一种很有意思的经历。

首先，我们去了东湖醋园，这个省的醋很有名。导游向我们介绍了醋的历史，她告诉我们醋是怎么做的，有 5 个步骤，但是她说话说得很快，大部分我没明白。在这个省人们喝醋的原因之一是因为它对身体很好，我们也入乡随俗，喝了一点儿醋。

然后，我们参观了山西博物院。博物院很大，我们没有时间参观博物馆的每个馆区。几乎所有的信息都是用中文写的，所以我们中的一些学生看不懂，因为很多汉字我们还不认识。但是我们看到了中国古代历史中一些有趣的东西，也增加了一点儿对中国文化和历史的了解。

之后，我们去了平遥古城，这座古城是世界级文化遗产，已经有 2700 多年的历史，很美丽。这是我旅行中最喜欢的部分，它看起来像一个很大的胡同。在这里你真的可以感觉到你在古代的中国。我们看到了古建筑、一些店铺等，全中国最古老的银行就在这里。那里有一些商业街，在那些街道我们尝了很多小吃，也买了很多工艺品、衣服等。我们的酒店看起来非常古老，虽然很冷，但是我很喜欢。晚上我们一起去看了一场灯光表演，它表现了中国历史，我觉得非常棒。

最后，第二天，我们去了常家庄园，在那里，一位导游告诉我们那个地方的历史， 但是她说的话也很难懂。那个庄园很漂亮，我们拍了很多照片。那天晚上我们从太原乘坐高铁回北京。

我觉得这个活动很棒。我们有机会了解更多的中国文化和历史。还有很多中国人想和我们聊天儿，所以那是一个很好的练习汉语的机会。我们还认识了不同班的同学。我觉得应该有更多这样的活动，因为这样我们可以在不同的环境中一起学习，也会有美好的回忆。

了不起的山西，了不起的平遥

［墨西哥］杜尔塞（1151班）

我觉得这个学期特别有意思，因为学校组织同学们一起去太原，所以我跟我的朋友可以一起去旅游。虽然我们在太原只待了两天，但是我们看到了很了不起的地方，比如东湖醋园、山西博物院、平遥古城和常家庄园。

这次旅游让我了解了中国文化的其他方面，另外，还让我了解了中国的别的地方。我特别喜欢平遥古城和常家庄园，因为我觉得这些地方不仅有很美丽的风景，非常漂亮的家，而且有很好吃的菜。我对平遥古城很感兴趣，我觉得平遥古城最美丽的时候是夜幕降临的时候，很多灯打开了，所以你可以看到非常漂亮的中国古代的大街。另外，我还和我的朋友们看了很了不起的灯光表演。这个地方让我有幸福的感觉。

我不太喜欢的地方是东湖醋园，是因为墨西哥人不常用醋做饭，所以我不太喜欢醋。别看我不喜欢醋，但是我觉得这个地方很有意思。因为这个地方让我了解中国人为什么觉得醋是很重要的东西。另外，醋对我们身体有很多好处。

最后，我想说，这次旅游我收获了很多，比如学习了很多新知识，认识了很多朋友，等等。我希望以后可以有机会再去太原。

旅行中的感动

[越南]丽颖（1151班）

上个星期，我跟老师和同学一起去山西太原旅行。通过这次旅行，我获得了很多体验、知识和难忘的记忆。所有的事情，比如买火车票、订旅馆等，学校都安排得很好。我们坐 11 月 13 号晚上的火车出发，同学们都很兴奋。我以为在硬铺上睡不着，实际上没问题。第二天早上在火车上，我一起床就看到了美丽的日出。朋友们有的吃早饭、洗脸，有的欣赏外面的风景，有的聊天，大家热闹极了。

山西是中国面食之乡，山西人爱吃醋，面食离不开醋。醋不但能让菜的味道更有特色，而且对身体健康也有好处。他们的醋也有好多种类，比如东湖养生老醋是遵循五行、五色、五味与人体五脏的关系做的。那次参观以后，我知道了做醋的过程很不容易。

在山西博物院里，我看到了古代的东西：书画、钱币、瓷器等艺术珍品。随行老师的解说使我了解了中国古代的生活和文化。特别是古代建筑，给我留下了深刻的印象。

我们的旅馆是在平遥古城里边。旅馆附近有很多饭店、商店，旁边还有平遥城墙。在那里晚上还有灯光表演，大家都觉得十分精彩。中国的饮食文化真让我很佩服，每个地方都有特色的菜，味道也不一样。

对我来说，其实最深的印象不是山西的景色，而是跟同学们和老师们一起玩、一起吃饭、一起拍照。这次旅行我也认识了很多新朋友，大家都很热情。特别感谢老师们很周到地照顾我们，让我很感动。我希望学校以后能有更多的这样的活动。

了解古代的事情很有趣

［哥斯达黎加］梁伊雯（1151班）

我们是 11 月 13 号晚上从学校去北京火车站的。我觉得学校安排晚上坐火车挺好的，因为七八个小时的时间很长，晚上可以在火车上睡个觉，时间过得更快。在火车上我不能好好儿地睡觉，因为每一次火车要停的时候我都会醒。到了太原，有导游接我们，这家旅行公司特别好，给我们准备了香蕉和水，很周到、体贴。

第一天早上我们去了东湖醋园，那个地方很特别。醋的味道真的很重，我受不了，不能呼吸。我从来没见过醋是怎么做的，以为很简单，但是我看到有很多工序。我之前以为醋只是醋，没有另外的故事，没想到醋也有历史，还有一个表示嫉妒的意思，我觉得“吃醋”的故事挺有意思的。接着，我们去了一家饭馆儿吃午饭。我们在那里吃到了山西的面条。他们的面条跟北京的一点儿也不一样，他们的比较酸，更好吃。吃完午饭就去宾馆了。

宾馆在古城里面，周围的环境我特别喜欢，可以到周围随意逛逛，了解中国古代的生活。我觉得有时候去体验之前的生活、看看古代是怎么样的是挺有意思的。我对住的房间非常满意，因为可以欣赏之前古代的房间。我很喜欢那个宾馆，外国人住到那样的宾馆里可以感受到一些中国文化的韵味。这样的宾馆只在中国有，我觉得别的地方找不到。我非常喜欢平遥古城，因为它历史悠久，在那边可以看到很多古代的东西。古城保护得很好，应该继续保护下去。

第二天早上，我们去了博物馆。那个博物馆美极了，在我的国家没有那样的博物馆，那么大。我们是跟着陈老师走的，她知识丰富，知道很多古代的事情，她跟导游一样一边走一边讲那个东西的历史。如果没有老师讲给我们听，我觉得去博物馆就没有意思了，因为不知道我正在看的东西是什么，或者有些东西看起来很简单，但是它背后有一个动人的历史故事，比如说龙的传说。而且我觉得古代的历史很有意思。下午我们去了常家庄园。我觉得那个地方对一个家来说很大，老师的讲解又给它平添了趣味。

这次跟学校去太原，我的收获很大，因为现在更了解中国古代的事情。虽然去每一个地方我听不懂导游的解释，但是老师用简单的词尝试解释给我们听，我要谢谢她。这次旅行我非常满意，因为这样我经历了很多，比如在平遥古城逛逛，看到了中国第一个银行是什么样的，住的那个宾馆和坐的高铁都是一种特别的体验。谢谢学校让我了解更多中国的生活！

难忘的碗托和庄园

[毛里求斯] 温小凤（1151班）

我们学校组织了一次旅行。11 月 13—15 日，我们跟老师们一起去了离北京不远的山西省。我们去了许多地方，比如东湖醋园、山西博物院、常家庄园等等。在东湖醋园的时候，我们看到食醋是如何做的。每种醋都不一样，有些是多年前酿造的。我们尝了五年和八年的醋。这是我第一次品尝这种醋，觉得它有一种独特的味道。我记得有个小商店卖各种各样的醋，而且也有不同的形式。我买了有醋味的巧克力，不知道它是否好吃。

山西博物院共四层，展现了中国历史的不同发展阶段。另外，我们可以看到中国古老的一面，很有趣。比如那里有玉器、青铜、兵器、古代人房屋模型、墓葬模型等等。在我看来，最吸引人的是古代人用玉器做的不同的日常用品。玉被认为是非常贵重的，那些有玉的人都是富贵之人。

我们在一个叫平遥古城的地方住了一晚，品尝了一种叫碗托的食物。这是我第一次吃这种食物，觉得很好吃，也有点辣。在山西省碗托很流行，是山西的传统面食小吃。大家都认为这种小吃很美味。

第二天我们去了常家庄园。那个庄园的风景很壮观。我和朋友、老师走进去合影。在山西我最喜欢的地方就是这个庄园，因为在这里我和朋友们玩得最开心，我们拍了很多照片来纪念这一天。我觉得这个地方很难忘记，我想再去一次。

我的山西之旅

［印度］艾莎（1152班）

学校组织我们去山西旅行，我们很高兴。

老师通知我们星期三晚上 9：00 在东门集合，所以我晚上 7：00 收拾行李，然后就准备出发了。晚上 10：00 我们到达了北京站。我们坐晚上 11：00 的火车去山西。在火车上，我们听音乐、聊天、打牌，时间过得很快。到达山西后，我们去了很多地方。

首先，我们去了东湖醋园。醋在山西是非常著名的。

东湖醋园位于太原市东山高速公路与建石北路之间的马道坡 26 号，占地面积 2 万多平方米。山西是中国最著名的老醋产地，东湖醋园是山西省第一个动态展示传统醋文化的地方，建造了展示现代生产工艺和历史文化内涵的醋文化博物馆。

离开醋园后，我们去参观了山西博物院。山西博物院位于太原市汾河以西滨河西路北段 13 号。它的前身是 1919 年创办的山西教育图书博物馆，1953 年改为山西省博物馆。新大楼于 2001 年 8 月 10 日动工，2004 年建成，被命名为山西博物院。它是国家“九五”重点建设项目，也是山西省投资规模最大的文化基础设施，是一个现代化的综合性博物馆。

山西博物院占地 168 亩，建筑面积 5.1 万平方米，总投资近 4 亿元，收藏珍贵藏品约 40 万件。参观博物馆后，我们吃了很多不同的中国食物，食物非常美味。

我们的酒店在平遥。平遥在清末曾是中国的金融中心，拥有中国保存最完整的古县城格局。世界遗产中心称平遥古城是明清时期中国古代城市的杰出典范。我们住在漂亮的瑞华盛酒店里，这是一家四星级标准民俗酒店，是集餐饮、住宿、度假、休闲、娱乐、商务、会议等于一体的大型涉外民俗风情酒店。它有 80 多个不同类型的房间。

晚上我和同学们一起在市场里吃了一点儿东西，然后在附近的餐厅吃饭。我们晚上 8：00 去看灯光秀。灯光秀很美，大家都很喜欢。

第二天早上，我们都起得很早，吃完早餐去了常家庄园。常家庄园占地面积 12 万多平方米。它是山西最大的商人大院和中国最大的庄园式建筑群，布局严谨、整齐有序，功能齐全。 它由堡门、堡墙、街道、住宅综合体、花园、商店、街心拱门、堡池、池桥等组成。

下午我们坐高铁回北京。在路上花了三个小时，我很累。

这是一次难忘的旅行。感谢学校给了我们一次这样的实践机会。

美丽的山西之行

［巴基斯坦］贝拉（1152班）

2019年11月13日，我和同学们一起去了山西，参观了东湖醋厂、山西博物院、平遥古城、常家庄园。

山西的醋很著名，在中国也很著名。山西醋有着悠久的历史，山西人也很喜欢吃醋，吃醋对身体好，可以让女孩看起来更漂亮。我也很喜欢吃醋，在巴基斯坦我们经常吃白色的醋。

山西博物院的面积很大很大，建筑也很新，我们都很吃惊。在博物院我们看到了很多美丽的文物，这些文物都有很长的历史。

我们也参观了平遥古城。平遥古城很干净，有很多商铺和银行，这些商铺和银行有很长的历史，房子也都很漂亮。晚上我和同学一起看了灯光秀。哇，太棒了，太美了，太让人震惊了！平遥古城真的太美太美了！

我和同学们也参观了常家庄园，常家庄园很大，有很美的院子和房间，有很多历史古迹。老师说，有很多的电影在这里拍摄。

山西的食物很好吃，特别是有很多种类的面食，有炒面、汤面，还有饺子。

我们住在瑞华盛客栈，这是一个中国旅馆，非常的中国，非常的传统，我第一次住在中国的传统旅馆，真的是太美了。

这次去山西语言实践，我看到了中国很多的名胜古迹，感受到中国灿烂的文化和悠久的历史。我学习了更多的中国文化，认识了很多新的朋友，而且我们吃了很多好吃的中国食物，我们都非常高兴。我们希望以后可以再去实践。谢谢老师！

山西语言实践日记

［泰国］黄美俄（1152班）

11月13日

晚上我们坐K609次快速列车，坐了七八个小时火车就到太原市了。这是我第一次坐中国的列车，感到格外新鲜，跟同学聊天聊到很晚。虽然我睡得很晚，可是我第二天一点也不觉得困倦。

11月14日

第二天，下车后，导游带我们去参观山西博物院和平遥古城。山西博物院是山西省投资规模最大的文化基础设施，是现代化综合性博物馆。我们在这里看到了很多中国文物，比如书画、钱币、雕像、瓷器等艺术珍品。我的收获不多，因为我大部分说明都看不懂 ，说明上的很多汉字我还没学过，另外，有的汉字认识，但也不明白是什么意思，所以只看懂了不多的东西。接着，去平遥古城，这是世界级文化遗产，在山西省中部的平遥县，距今已经有 2700 多年的历史了。在这里，我们不仅欣赏了美丽的风景，而且还游览了一些当地的特色店。另外，还吃到了不少好吃的东西。晚饭以后，我八点半左右跟同学们出来观看表演，表演很精彩，我很喜欢。表演完了就回到旅馆，跟朋友一边聊天一边喝牛奶。这天让我特别开心。

11月15日

第三天，导游带我们去常家庄园，这是古代晋商常氏家族的私人庭院。这天我跟朋友们拍了很多照片，我们花两个小时拍照片，因为自然风光美极了。

我真的喜欢这次旅行：第一，这让我一整天都只能说汉语；第二，班里有的同学我只是认识，但是还没说过话，这次旅行让我们变得亲近了。

山西语言实践报告

［越南］阮晋淇（1152班）

我已经听过山西好多次了，这次终于有机会跟我的同学一起去山西了。

我们从学校出发，然后坐火车大概七八个小时就到山西了，我们在山西玩儿了两天。

第一天上午，我们去了东湖醋厂。在中国吃包子的时候我很喜欢蘸醋！真的很好吃。今天我可以在这里看看怎么做醋。东湖的醋有特别的味道，酸酸甜甜的！我们还看到很多做醋的工具。第二个地方是山西博物院，里面有许多文物。

下午我们去“瑞华盛客栈”，瑞华盛客栈是一家四星级标准民俗客栈。我觉得这个酒店很有意思，因为有一张很特别的床，布置得很古老。酒店在平遥古城里面。晚上我可以跟朋友去散步，看看胡同，看看表演。

第二天上午我们去了“常家庄园”，这个地方拍过很多电影，比如《大槐树》《狼毒花》。除了参观以外，我还买了很多小吃，回北京后送给我的朋友！

下午我们从火车站回北京，我们坐高铁回北京，大概两三个小时就到北京了。

对我来说，这次旅行很有意思，我不仅可以跟同学、老师一起玩儿，还更加了解我的同学了。我觉得当地人很热情，很好客。我可以吃到很多当地的风味菜，了解中国的美食。我真的很开心。

难忘的师友之旅

［越南］阮俊英（1152班）

我们学校组织了一个活动，让我们去山西语言实践。我们是 11 月 13 日去的，学校为我们安排好了一切事情。13 日晚上，我们从学校出发，到了北京站，坐火车去山西。在火车上，我跟朋友们玩游戏、聊天，真的令人难忘。

第一天我们去了东湖醋园。一进园我们就闻到醋的味道了，真的很特别。我原来以为醋只是醋，很容易制作，但在醋园看见很多工具，也有很多种类的醋。别看醋只是调料，但有很长的历史。在这里，有一个导游给我们讲解，真的很有意思，尽管我大部分都听不懂。山西话跟我们学的普通话不一样。我问了骆老师，有的他也听不懂。参观完了还可以品尝各种各样的醋。大家都说很好喝，但我没喝，因为只闻闻就让我受不了了。

中午我们去吃饭。山西的饭菜特别好吃，走了半天大家都很饿了，所以桌子上的饭菜很快就被大家吃完了。吃完饭以后，我们去了平遥古城。一到古城我们就去了旅馆。我们住在一个古代建筑样式的旅馆里。在这儿，周围环境真的很好，房间里也很漂亮，大家特别满意。大家把行李安排好就出去逛了。说起平遥古城，真不知道怎么表达才好，风景特别美，很多古代样式的房子让我感觉好像身处中国的电影里。空气也很新鲜。晚上跟朋友一起出去，逛胡同，品尝小吃，真是难忘的经历。

第二天我们去了山西博物院。在这里我才知道中国的历史很有意思。我们班跟着骆老师一起逛。博物院有四层，每层都有很多珍贵的文物。跟着老师真好，他一边走一边给我们介绍每件东西背后的故事。如果自己去，没有老师的介绍，大概就会感觉没有意思了。

在博物院看了两三个小时，我们去了常家庄园。这是古代的一个商人的家，真的很大，有很多年的历史。里边风景也很美。大家逛了一个多小时也还没看完，时间也没有那么多，那天我们下午三点就得回去了。

这次旅行，跟老师和同学们一起去，非常好。第一是让我更加了解中国的历史和文化。第二是跟老师和朋友们一起旅行，给了我难忘的感觉。以后我虽然不跟朋友们一起学习了，但是我会永远记得这些美好的时刻。

美好的体验

［越南］阮氏秋渊（1152班）

这次参加学校组织的旅行，我觉得很有意思，有很多感想，也有很多收获。

第一天，我们去参观了东湖醋厂。在这里我们听导游介绍“醋” 的发展历史、荣誉美名等。一进去我们可以看到各种酿醋器具、农耕器具，还有一个醋疗药房。看完了可以品尝醋，又香又酸，让游客品尝到难忘的味道。

我们还参观了山西博物院，它是山西全省最大的文物收藏、保护、研究和展示中心，也是中国国内为数不多的大型现代化、综合性博物馆之一。陈列展览了文明摇篮、夏商踪迹、民族熔炉、方圆世界等。看完以后我们去吃午饭，然后坐大巴到平遥古城。我们在这里睡了一个晚上。大家入住宾馆，放行李，然后去古城逛逛，拍照片。五点我们回到了宾馆，洗澡，然后去吃晚饭。晚饭后我们去看灯展，我觉得很好看。

看完我跟一些同学去酒吧玩儿，但是在酒吧里东西很贵，所以我们玩儿了一会儿就去吃烤肉了，买了一些东西回宾馆跟老师聊天。

第二天我们去常家庄园。听了导游的介绍，我们知道这儿原来是一家有钱的人家。这里很大，街道上有各种商铺，还有花园。树叶都变成黄色的了，所以风景看起来很美，我不想离开这儿了。参观完我们去吃午饭，午饭后坐高铁回北京。

两天的活动让我感觉时间很短，但是了解了中国历史和文化，参观了一些地方，吃了很多好吃的东西。感谢学校为我们外国留学生创造了有利的条件，让我们通过这些课外活动得到美好的体验。

中国山西之旅

［德国］娜媞（1251班）

为了了解中国文化，北京语言大学汉语进修学院的初级下和高级下留学生于2019年11月去山西游览实践两天。

11月13日，我们从北语坐大巴到北京站，然后一起坐火车。每一个同学都睡硬卧。这是我第一次在中国的火车上睡觉。我在上铺，所以有点儿紧张，但是旅途是很舒服的。

11月14日早上，我们到了太原市。导游接上我们，然后带我们坐大巴去第一个目的地。因为山西人很喜欢吃酸的，我们参观了东湖醋园，了解了中国最有名的醋是怎么做的。这次参观很特别，让我想品尝更多的中国菜系。然后我们又去了山西博物院，这座博物院非常全面地介绍了山西的历史。接着我们一起去吃了午餐。

下午我们又坐大巴到平遥古城。那个地方特别漂亮，我们住的酒店也很独特。吃晚餐以前，我跟同学们一起逛街。

我们游览了古城，有古代的建筑，卖小吃的地方，还看到中国人打麻将，这些景物感动了我。晚上我们参观了平遥古城的一个灯光秀，我被迷住了。这一天让我更多地了解了中国人和中国文化，所以对我来说很有意思。

11 月 15 日早餐以后我们参观了常家庄园。那个地方又漂亮又安静。我们都有机会拍很美的照片，也可以放松一下。游人很少，所以跟北京的环境完全不一样。参观以后，我们都去吃午饭。旅途中，每一顿正餐都让我们很满意，有好几个特色菜，都很好吃。

下午我们就去太原火车站坐高铁回北京了。这两天对我来说很有意思，因为有机会更好地了解中国。老师们不但跟我们一起参观了景点，还关照了班里的同学。感谢学校给我们提供了这样的机会。

难忘的山西之旅

［日本］筱田佑骏（1251班）

从11月13—15日，我们班在山西省开展了语言实践活动。这次旅行令我非常难忘。

首先，我们乘坐大巴去火车站，然后，坐火车去山西省太原市。在列车上，大家都对这次旅行充满期待，说说笑笑，特别开心。

7个小时后，我们抵达了山西省太原市，参观了东湖醋园。醋是山西省的特产，我们在这里品尝了醋，虽然喝起来特别酸，但是有益健康。

接下来，我们来到了山西博物院。这儿有各种各样的珍贵藏品，我感受到了中国源远流长的历史和博大精深的文化。

参观完了山西博物院，接下来我们来到了平遥古城。古城的街道风景很秀美，这里也是我在这次实践活动中印象最深的地方。在极具特色的宾馆里，我也能感受到平遥古城的古朴与美丽。

那天晚上的灯光秀看得我非常高兴，但是夜里冷极了。

15 日上午， 我们来到了常家庄园，这里有清代北方建筑群。这天天气很好，景色也不错，我在这里散步，感到非常舒心、自由自在。

这次语言实践活动是我在中国留学的生活中无法忘记的经历。借这个机会，我交了很多朋友，跟同学相处得更加融洽了。

我在这次活动中收获了很多，今后也会继续努力，把汉语学好，更多地了解中国。

最幸福的经历

[印度]阿米特(1251班)

2019 年 11 月 13 日北京语言大学汉语进修学院组织留学生去太原进行语言实践活动，我们参观了平遥和常家庄园。到了平遥古城我就喜欢上了那儿， 所以我的报告的题目是平遥古城。

平遥虽然是座古城，但是生活在那里的当地人也用现代工具。人们只是保留了传统文化，但他们也使用新科技。因为这个原因我对平遥古城产生了兴趣。平遥的每座建筑都有木雕，非常漂亮。我想要分享我的旅游经历。我们 13 日晚从北京火车站出发，坐的是快速列车。那天车厢里面都是外国人，有的听音乐，有的玩儿牌，有的跳舞，十分热闹。我的铺位是上铺，我一会儿爬上去，一会儿爬下来，老师开玩笑说我像个猴子。那天我也觉得我快变成猴子了。坐火车的时候我们班同学一边吃东西一边聊天儿。第二天早上八点左右我们到了太原。

在太原我们参观了东湖醋园，了解了为什么山西人喜欢做菜时放醋。品了醋，我们也越来越像中国人了。下午参观了山西省博物院，了解了山西的历史。14 日晚上我们坐大巴到了平遥。一进平遥古城，我就感到很惊讶，因为我第一次看到那么漂亮的古城。晚上我跟班里同学一起去看了一个灯光秀，看灯光秀的时候天气越来越冷，但精彩的灯光秀使我们忘记了寒冷。

表演结束以后我们逛了逛古城，大家说说笑笑往回走。我跟不少同学不知不觉成了很好的朋友，现在我们班同学的关系就像兄弟姐妹一样。

可以说，这次旅游是我来中国以后最幸福的经历，希望学校多组织这样的活动。

在中国的第一次旅行

［塔吉克斯坦］安文宏（1251班）

11 月 13 日北京语言大学汉语进修学院组织我们初级下和高级下的留学生去山西省旅行。我们坐晚上 11：30 的车于 11 月 14 日 早上 7：40 到达太原市。

首先我们去杏花岭区参观东湖醋园。那个地方很漂亮，一下车我们就闻到了醋的味道。我们先了解了醋的制作工艺，然后来到品尝室尝了不同年份的各种老陈醋。有一种醋我尝了一口，觉得又辣又酸，马上精神起来了。

离开东湖醋园，我们去参观了山西博物院，里面有很多好看的东西。山西博物院共四层。第一层是大厅和展厅，二层有咖啡厅和餐厅，第三层和第四层都是展室。我们在博物院了解了山西省的历史和文化，而且也了解到了中国的晋商。山西是中国最早发展商业的省，第一个银行也出现在山西。

因为我对经济很感兴趣，所以觉得山西的商业文化很有意思。

从山西博物院出来以后，我们去太原的一个叫芙蓉酒楼的餐厅吃午餐。餐厅为我们四个穆斯林留学生做了很多好吃的清真菜。我对那个餐厅的服务很满意，因为餐厅的餐具很干净，服务也很周到。

吃好了以后我们去了南大街，这是平遥古城的历史缩影。那个地方又漂亮又好玩，有很多古老的房子和历史古迹。当地人们非常热情，一看到我们留学生，他们一边叫我们“老外、老外”，一边给我们拍照。

11 月 15 日吃完早餐以后，我们去参观常家庄园。常家庄园是山西商人常氏家族的房屋，被称为晋商。常家庄园风景非常漂亮，空气也很清新。常家有很长的历史，常家几代人的奋斗史体现了中国人民的勤劳和勇敢，使我了解了晋商文化。

这次旅行让我对中国传统文化和中国国情有了更多的了解，同时在实践中提高了汉语水平。我在这次旅行中有很多美好的回忆，玩得也很开心。非常感谢学校安排了这次活动。

难忘的山西之旅

［印度尼西亚］陈家仪（1251班）

2019 年 11 月学校安排我们去山西（太原市），山西省在北京西边（北京距离太原大约 500 公里）。山西省历史悠久，是中华文明的发源地之一，有文字记载的历史达三千年之久。山西文物众多，被称为“中国古代文化博物院”。

11 月 13 日晚 11：00 多，我们乘坐 K609 次快速列车赴太原，七点左右到太原。先参观了东湖醋园，山西的醋非常有名，有一千多年的历史。我们参观了如何做醋，他们用了很多原料，比如大麦、谷糠、高粱、豌豆和麸皮，以及自制的酵母做醋。我们也了解了一下这个牌子的醋的发展历史。然后我们去饭馆吃饭，吃了很多菜。接着参观山西博物院，我觉得这个博物院很大，一共有四层楼。里面有很多古代文物，比如石器、白银、钱币、兵器、佛像等等。最后我们参观了平遥古城，在那儿住了一夜。平遥古城是世界文化遗产，完整保存了中国古代城市的样子。我很喜欢我们的宾馆，因为建筑很有特色，也很干净。平遥古城特别美丽，街上多是古代建筑。到了晚上，天上有很多星星，在北京看不到星星。我们也看了 3D 灯光秀表演，很精彩。

5 日早上，我们乘大巴参观常家庄园。常家庄园是中国最大的私人庄园式建筑群，是明清晋商家族的院落，从中可以了解晋商文化和民俗。常家庄园又大又漂亮，里面有很大的湖和丰富的历史。

山西之行

[波兰]乐梦(1251班)

上个星期我们的大学组织留学生去山西旅行。我很高兴，因为以前没有机会游览那个地方。事实上我对山西不太了解。

我努力了解中国文化，所以真的很享受这次旅行。在平遥待了一天半。酒店很有意思。走在平遥的大街上我感觉现在不是2019年，而是很久以前。虽然晚上特别冷，但是漂亮的表演让我忘了天气，另外让我想象了一下中国人以前的生活。表演可能想说明中国的历史，并且表达对未来的展望。

我也很喜欢常家庄园。通过它可以判断以前的中国很昌盛。当然中国人的想法变了，但不管怎么变，家还是很重要的。

这样的旅行也使班里同学互相了解了，我们一起玩得很好。在平遥散步的时候，我们忽然听到一只小猫凄惨地叫。它在很高的地方没有办法下来。大家急得团团转，都不知道怎么让小猫安全地下来。一个男生想出了好办法。他把商店的梯子放在墙上，但梯子够不到小猫！他爬上梯子去够小猫。小猫得救了，他真了不起。

山西的菜很好吃。平时我不常吃醋，因为味道比较重。其实山西醋不错，跟面条一样，都很有特色。

用心了解

[澳大利亚] 贝拉(1252班)

从11月13—15日，我们班跟别的汉语水平一样的班一起去山西语言实践。虽然我们参观了很多著名的古迹，但是说实话，对我来说最有意思的事情是观察游客，还有外国留学生跟中国人相互交流的办法，另外还有中国传统文化跟中国现代的生活。在公共交通工具上，在街上，在活动的时候，我看到一些让人好奇的情况。下面我介绍一下这些情况。

我们的实践活动开始以前，我们在候车室等火车到站，同学们一起用英语聊天儿。这时我发现三个中国老人看着我们，猜我们是哪国人。我听见他们说我肯定是俄罗斯人。我决定回答他们的推测，我的回答让他们特别惊讶。首先是因为我能听懂他们的话，其次因为他们的猜测原来不对。他们问我澳大利亚人对中国的看法，但是当我听不懂他们说的某一个句子的时候，他们并不给我解释，只互相谈论着我的汉语能力。在火车上，列车员也是这样，只是好奇地拦住我问我是哪国人、会不会说汉语。这些情况我在北京也经历过，而且，很多外国留学生告诉我他们也有这样的经历。我发现，虽然中国发展得很快，在世界上成了很重要的国家，但是一些中国人看上去对外国一点儿也不熟悉。

平遥的历史又长又重要，这里是孔子教育学生的地方之一。在古城街上逛逛，参观旅游景点，我发现中国传统文化跟现代中国相映成趣。

我作为人类学专业的学生，觉得不同国家的人互相了解是社会里最有意思的事儿。另外，世界在很快地发展，久而久之，人们跟国家的关系发生了很大的变化。我希望，在全球化特别快的社会，我们都能把别人当朋友看待，用心互相了解，也能找到对过去和未来的独特看法。

山西旅行

［乌兹别克斯坦］胡芽勇（1252班）

最近我们班的同学们跟老师们一起去了山西省。2019年11月13号晚上我们从学校坐大巴车到了北京火车站，然后坐火车去山西省太原市。

我们开始了去山西的旅行，路上我们发现第二天是Rosa的生日，我们想给她庆祝生日，所以我们计划好了在12：00点为她祝贺。到了12：00点所有的同学都祝贺她，我们送给她四个小的蛋糕。

从北京到太原我们坐了大概7个小时火车。第二天早上，经过很长很长的车程，我们终于到了太原市。下车后我感觉山西的天气很好，立刻游兴大发。首先我们去参观了一家醋厂，在那儿我们看到了做醋的方法，很有意思。

我们去的第二个地方是山西博物院，那是一个很大的博物院，博物院里面可以查阅中国的历史，里面有很多古代的东西和画儿，真的既漂亮又有意思。

在参观完博物院以后，我们去吃饭，然后到了平遥古城。听说这儿有中国的第一家银行。在平遥古城留宿了一天，老师已经把我们的房间安排好了。

到晚上我跟同学一起去看平遥古城晚上的表演，这个表演是灯光秀，真的很漂亮，从这个表演里能看到山西的历史。这个表演让我感到震撼，如果你仔细地看，你就能看到大龙的眼睛，它吸引了我的目光。

第二天早上我们都先吃早饭，然后去别的地方。在平遥古城我们玩儿得非常好，那儿的环境和天气很好，也很热闹，在平遥古城的旅行是我心中最好的旅行。我很喜欢平遥古城。

大概 10：30 我们到了第三个地方，这个地方叫常家庄园。这里的风景也很漂亮。 这个地方有很长的历史，是一处私密老宅，里面有很多小的博物院，还有旧的东西，里面的东西既漂亮又有意思，可以了解晋商的历史。

在那儿我看了很多古代的东西，我很喜欢旧的东西。这些东西的质量真的很好，从古到今保存得非常完好，对此我很好奇。人们是怎么保存它们的呢?

总之，这次旅行很有意思，我和同学都玩儿得很开心，这三天过得很愉快。我们都品尝了当地的特色美食，味道很好。我们留宿的饭店既方便又漂亮，老师们和同学们对他们的服务都很满意。

我的山西之旅

[日本]久田宏太（1252 班）

我从 11 月 13—15 日去山西语言实践。我们参观了很多名胜古迹，例如：东湖醋园、平遥古城和常家庄园。我在这次山西语言实践中了解到了中国的文化。我将介绍我在这次旅行中的感受。

我去的第一地方是东湖醋园。我一到那里就感觉稍微有点臭。 那个地方充满了醋的味道。我花了很长时间适应这种醋的味道。进去后，那里有很多醋，还看到了那里的工作人员的认真态度。

这里现在有被业内誉为“中国酿醋第一坊”的美和居作坊。自2002年开园以来，东湖醋园已经接待游客近40万人次，特别是 2004 年五一黄金周期间，接待量达到 2 万人次。

第二个地方是平遥古城，一个拥有 2700 多年历史的地方。山西平遥被称为“保存最为完好的四大古城”之一。这里 1997 年被列入世界文化遗产名录。在这里，到了晚上，整个城市都被照亮。到晚上 8：00，会举行一次灯光表演，以招待许多游客。那儿令我非常感动。

第三个地方是常家庄园。这里占地 12 余万平方米，是规模最大的晋商大院。我可以感受到中国古代的氛围。这里有曹操的字。这次参观是一种宝贵的经历。

通过这次旅行，我看到了中国许多历史悠久的建筑和有价值的文物。这种经历使我更加想学好中文。我还感受到了旅行的乐趣，所以我想在寒假期间去看中国的其他名胜古迹。

古老而美丽的山西太原

［俄罗斯］柯安娜（1252 班）

山西是了解中国的好地方。山西有 3000 余年的历史。中国人称山西为“中国古代文化博物院”。这个省被认为是中国文明的发祥地之一。

这个学期，我和同学们去山西省太原市语言实践，参观了当地的一些名胜古迹，如山西博物院、平遥古城、常家庄园和老醋厂。这次旅行，我的收获很多。不仅了解了中国历史和文化，而且吃到了山西传统美食，还欣赏了古老的建筑。另外一个收获就是我跟同学们在一起玩，感受到了热闹和欢乐的气氛。我们的旅行很有趣。在短短的两天里，我们经历了很多事情。

我们先去了山西博物院，这馆藏有大量丰富的文化和历史文物。博物院展示了山西从古代到现代的故事。博物院建筑本身就是一个不寻常的建筑的例子。博物院内有四层，每层都有许多珍贵的文物、雕像、钱币等。我最喜欢的展览是很漂亮的玉器展。

其次，我们参观了老醋厂。老醋厂现在变成了一座博物院。在醋厂里每个客人可以参观传统醋的生产流程，了解山西醋的历史和文化。客人也可以品尝当地的醋。我尝了两种不同的醋。这是我第一次喝醋，在我们国家，我们吃饭时不加醋。

接着，我们参观了平遥古城。人们说山西的灵魂在平遥。这个古老的城市始建于西周宣王时期，扩建于 1370 年。在城里我们欣赏了美丽的传统建筑。每个晚上，平遥都有一个很绚丽的灯光表演。这个表演让我很感动，因为在中国，过去跟现代和谐地融在了一起。

我们班去山西游学

[乌干达] 利眼(1252班)

我们班去山西语言实践。我们从学校坐大巴到北京站。在北京站，老师们给我们硬卧火车票，然后我们进了火车站。

在火车站候车时，有的学生走来走去买吃的东西，有的在休息，但我们都焦急地等待着，所以检票时间一到我们就马上排好队，这让我们能快点进站。

在火车上我们都很愉快， 因为我们坐一起，有的人聊天儿，有的睡觉，有的买吃的东西，有的庆祝我们同学的生日。再过一会儿每个人都安静下来了，因为每个人都累了。火车行驶在广阔的原野上。

到达太原站时气温比北京冷一点儿，但是我们准备好了，因为我们提前查询了天气，所以我们都穿上了冬天的衣服，因此没有人感到冷。

这是我第一次坐火车旅行，因为在我们的国家火车是运输货物的。

我们从太原火车站坐旅游巴士到醋厂。在醋厂，我们先了解了醋的制作过程，然后去参观车间。在那个醋厂我们看到很多醋的制作过程。我对这个地方很感兴趣，因为在我们国家也有类似的工艺，相同的材料，不过我们是酿啤酒。

参观了醋厂以后我们去了山西博物院，我很喜欢那个地方。这个博物院有很多太原历史展品，展示了关于生活方式、贸易、政治、防御和用具的信息。

从山西博物院出来，我们去饭馆吃午餐。在那个饭馆我们受到了特别的关照，因为我们都是外国人，所以他们很照顾我们。饭馆里服务员又热情又聪明。她们热情地招待我们，饭馆里很整洁，服务也非常好，她们的菜很好吃。我们吃了太原菜，有的是酸的，有的是咸的，有的有点儿辣，同学们都很喜欢。

然后我们去了招待所，那个地方看上去很传统。我很喜欢，因为它给我农家的感觉。晚上我跟我的朋友去看灯光秀，非常好看，很漂亮。很多本地人也来看。

饭馆在招待所附近，我们去吃了晚饭。这个饭馆的菜也又好吃又干净，所以我们都喜欢。她们的芳香剂也很好。

第二天早饭后我们去了孔子讲学的地方。我们分两组参观，我们的组跟导游在那个地方走来走去。她给我们介绍每个地方。那个地方很漂亮、很安静，在那个地方你只会听到鸟叫声。然后我们去了高铁站。

我们很早就到了高铁站，所以等了大概有三个小时。同学们又一起聊天儿，准备回学校。时间到了，我们排队上高铁，一个人接着一个人上车。回来的路上，列车停了四站，但是开得很快，所以我们很快到了北京西站。

从北京西站我们坐巴士回学校。到了学校，同学们就各自回宿舍了。我们的语言实践愉快地结束了。

难忘的山西之旅

［西班牙］尚柔佳（1252 班）

上周，我们班的同学和老师一起去山西进行语言实践。星期三晚上，我们坐大巴车去北京火车站，因为我们买了硬卧票，所以星期三晚上是睡在火车上的。我非常兴奋，因为那是我第一次在中国坐火车。在西班牙，没有带床位的火车，所以在火车上睡觉对我来说是新的体验。

我们一大早就到了太原，下车后就去了一家醋厂。那里醋的气味太重，味道也一样， 但是导游告诉我们，他们的醋对健康有很多好处，还很有营养。尽管我不喜欢喝醋，我还是觉得有醋的菜非常可口。

然后，我们去参观了山西博物院。博物院的外形跟杯子一样。我惊讶地看着这些文物，可惜我不明白很多物品的历史，虽然墙上有介绍，但这些中文词语对我来说太难了。

接着我们坐车去平遥。平遥非常漂亮，房子古老而多彩。

我们住的酒店也是这样的。

晚上 8：00，我们观看了非常漂亮的灯光表演，我看得目不转睛，都忘了拍照，我只拍了几段视频。灯光表演以后，我跟一些同学一起去喝白酒，到处逛逛、玩儿玩儿。

我们星期五很早就醒了。吃早饭后，我们去了常家庄园。常家庄园很大。我和另外三个同学迷路了，我们没跟着导游，自己在园中随意游玩。

这次旅行我玩儿得很开心。

一步一段记忆

［菲律宾］许金金（1252 班）

活动前，一听到老师说我们要去山西，我就马上告诉自己我肯定不能错过这样的机会。我觉得十分兴奋。从我来中国之后，这是我第一次去北京以外的地方旅行。再说，这也是我这辈子第一次坐火车。我怎么会不高兴？不管是快速列车还是高铁，我都想体验体验。

在东湖醋园，我看到了醋的制作过程。一进房间，味道特别酸，使我流泪。我尝了两种山西醋。醋的味道又香又酸。入口后感觉还不错。听到每天喝山西醋对身体很有好处，我对醋产生了兴趣。

在山西博物院里，我发现了中国特别悠久和丰富的历史、文化。我看到了古代人制作的色彩十分鲜艳的瓷器、古代的建筑艺术、中国戏曲、古代货币、古代的兵器、佛教雕塑等等。事实上，我平时不太喜欢参观博物院，但是山西博物院里有许多各时代的文物，让我很好奇。菲律宾的博物院不如太原的大，也不如太原的漂亮。

我们一进入平遥古城就觉得我们突然回到了古代的中国。我注意到有些店铺的招牌用繁体字。当我在街道上散步的时候，看到当地人都生活得很简单，看上去都快快乐乐的，我也希望自己在这样的环境中生活。不像北京的繁华热闹，这里的气氛更平静、轻松。我们住的宾馆的建筑也是仿古样式的，并且很漂亮。我特别喜欢。

最后，我们参观了常家庄园。每所院落都漂亮极了。每个花园都很美丽精致，特别是杏园、狮园。常家庄园非常大，我觉得如果我自己走的话，我一定会迷路。

这两天游览了这么多美丽的地方，我觉得这次活动挺值得参加的。天气也不太冷。我既惊讶又佩服中国能把名胜古迹保护得这么好。我明年回菲律宾后会马上让我家人看看我拍的照片，分享一下我在太原的经历。

山西语言实践报告

[捷克]尤里（1252班）

我来介绍一下我第一次在中国语言实践的经历。

11月13日

我跟班上的同学一起先从北京坐火车到了山西。我第一次在火车上睡觉。这个经历很有意思，中国的卧铺车比较舒服。

11月14日

到了山西的省会——太原，我们先去参观醋厂。山西的醋在中国很有名。除了参观醋的工厂——东湖醋园，我们还有机会品尝他们的醋。虽然很酸，我觉得新鲜的山西醋真的不错。

接着，我们坐了大巴去山西博物院。这家博物院展出了不同时代和不同宗教的好多文物。我对西周的鸟尊产生了特别的兴趣，甚至买了一个按照它的样式仿造的小纪念品。

参观博物院以后，我们离开太原，到了平遥古城。进入平遥以后，我们的周围都是古老的街道。那里的建筑很有意思，跟现代的不一样。我们不停地走着欣赏那些古老的街道，终于到了要入住的宾馆，这家宾馆的房间也装饰成了中国古代的风格。晚上我们去看了一个灯光表演。这个灯光表演光影投在城墙上，很漂亮，音效也很好。

11月15日

最后我们去了常家庄园，我们在这个地方看到了古老的房子，游览的时候遇到了个做茶的家庭，他们热情地邀请我们进他们的家喝茶。他们的茶真的很好喝。后来继续游览，看到了一片湖，我还爬上了一个瞭望台。

下午，就是午餐以后，我们上高铁回北京了。我的国家的高铁速度没有中国的那么快。我们乘坐的高铁达到了每小时 300 公里。

总之，我对这次山西长途旅行很满意。我不仅看到了以前没看到的地方，而且积累了更多关于中国文化和历史的知识。

难忘的山西之旅

[西班牙] 朱迪 (1252 班)

上个星期我跟我的同学和老师一起去了山西省参加语言实践活动。因为这里是中华文明的发源地，是一个在中国历史上很重要的地方。

上个星期三晚上，我们都去北京站坐火车。我们坐的是一列卧铺火车。这是我第一次在中国坐火车，所以我真的感觉很新鲜。虽然我睡在中铺，但睡得还算不错。

快八个小时后，我们早上终于到了太原市。一到了太原，导游就带我们去看东湖醋园。山西醋是中国美食中一个著名的、重要的调料。山西醋已有 2500 年的历史，因此，它是中国四大名醋之一。在东湖醋园，我们还有机会尝一尝醋，但是对我来说，它的味道太酸了。

尝醋以后，导游带我们去参观山西博物院。这个博物院非常重要，是因为那里面有中国很古老的文物。在那里，我们可以看到硬币、武器、陶器、石器和青铜器等文物。

参观完博物院以后，我们去中国饭馆吃午饭，然后坐车到平遥古城。平遥是一座很美丽的古城，保留了古代的建筑，是世界文化遗产。我觉得这个地方最漂亮的是它的古城和旧式街道。那天晚上我跟我的同学一起先吃晚饭，然后去古城看平遥有名的灯光表演。我们睡在了一家非常漂亮的中式酒店里。

第二天早上吃完早饭以后，我们离开平遥，坐车去看常家庄园。这个地方原来是一个富裕的商人的大宅院。在那里面，有很多古代的房子，现在做了博物院，还有一些中式花园。我跟一些同学一起，在那里很开心地拍了很多照片。

吃完午饭以后，我们坐高铁回北京，三个小时就到了。因为跟朋友们一起玩纸牌游戏，对我来说，时间感觉短多了。

一次安排周到的旅行

[泰国] 黄金狮(1253班)

我是泰国人。我现在在北京学习汉语快4个月了。我的学校是北京语言大学，在这里常常有许多活动。当我听说，我们初级下的学生有个活动，学院要带我们去山西省，我感到很高兴，因为这是我第一次去别的城市玩儿。去山西的日程是2019年11月13—15日。我和朋友们很激动。

我一知道去山西省，就急忙上网查询那个地方有什么特点。我很期待去山西玩儿。这次去玩儿一定要带的东西是护照、学生证、手机和充电器，缺一不可。那时我看了13日到15日的天气预报，天气比较冷，应该带合适的衣服。2019年11月13日晚上我们在学校集合，然后去北京站坐火车去太原。这是我第一次在中国坐火车，是卧铺车。14日早上到太原。一出车站，我就觉得周围环境很好，空气很新鲜。这一天早上我们坐大巴去东湖醋园，这里是中国非物质文化遗产动态酿醋工艺及生产性保护示范基地，也是国家AAAA级旅游景区。在这里醋是最有名的特产。我们还看了做醋的方法。中午去了太原的博物院，这里有许多古老的东西，使我了解了中国的文化，而且知道了1823年太原有中国第一家银行。晚上我们去了平遥古城，入住了当地的宾馆。平遥古城里面有很多大大小小的宾馆，饭店很多。这里有84条街巷。人们很开朗。这里晚上8：00有个灯光表演，是亮点。第二天我们离开平遥古城去常家庄园。这里之所以出名，是因为除了有很多古老的东西，更重要的是皇帝在这里住过，有非常悠久的历史。到了晚上，我们坐高铁回北京，这也是我第一次坐高铁，我感到很高兴。我们班和别的班一共大概80个人。凡是这次游览的地方，我都喜欢。

刚知道有这个活动时，我有些犹豫，参加还是不参加？我心里想活动可能没有意思。但是我去了以后发现这个活动竟然十分有趣。我的收获很多，不仅欣赏了美丽的自然风光，而且还了解了一些当地的风俗习惯。另外，还吃了很多好吃的东西，特别是各地不同风味的小吃。除了认识了新的朋友以外，还认识了新的老师。每个人都很开朗。这次旅游一共3天，吃、住、行、游，学院都给我们安排好了，让我很惊喜。凡是去旅行过的地方，我都拍了很多照片。这次旅游很值得一去，而且这次旅游让我的心情很好。最后，谢谢张老师给我们讲了很多中国故事并照顾我们班。

体验山西

[日本] 井田直纪（1253班）

快速列车

我第一次坐快速列车，列车里的环境挺好的。铺位有三种：下铺、中铺、上铺。下铺的空间比另外的铺位更大，下铺还配有一张桌子，去洗手间也很方便。中铺和上铺的环境很一般，都不能坐，只能躺着做所有事情，比如看书、玩儿手机、跟旁边的人聊天儿等。我睡觉的时候，有人打呼噜，开始睡觉的时候睡不着，但是我觉得坐快速列车又愉快又简单，睡着睡着就到了太原站，而且火车票很便宜。

山西博物院

山西博物院有珍贵的历史文物，是距今大概三千年前到四千年前的东西，它们的保存状态太好了。中国古代的东西引起了我的兴趣，特别是雁鱼铜灯和鸟尊。

雁鱼铜灯把平时不能在一起的鱼和鸟放在一起表示吉祥。鱼的发音与“剩余”的“余”发音一样，剩余的意思表示有很多钱；雁是古代结婚的时候送的礼物，都有美好的含义。雁和鱼在一起象征着富足与美好。

鸟尊作为神和人们的桥梁，向神传达人们的愿望。所以人们把鸟尊当作重要的存在。

东湖醋园

我们第一天先后去了东湖醋园、山西博物院。一到东湖醋园，就闻到了醋的气味。醋园里有很多壶，里面有正在变熟的醋。我们看到了生产醋的工厂，工厂里醋的气味是越走越厉害，闻着闻着眼睛就疼起来了，没想到醋做得这么费劲。参观学习后，我们品尝了五年和八年的醋，五年的醋超级咸，并不好吃，八年的醋不如五年的醋咸，适合做饺子醋。中国的醋和日本的醋不一样，中国的醋黏乎乎的，日本的醋不是黏乎乎的而是干爽的，所以不管什么东西都能比较容易蘸上中国的醋，味道又不错。

一次精彩的体验

［土耳其］潾芽（1253班）

我们这次去的地方是山西。山西的环境非常好，我们每天都能看到蓝天。 在山西所有的出租车都是电动的，我觉得这很好。山西是中华文明的发源地之一。山西的醋很有名，除此之外，还有很多有名的食物，比如过油肉、莜面栲栳栳、羊杂汤和面条等。

我们的旅行从北京站开始。我的票是卧铺票的上铺。虽然我爬上铺有点儿难，但是这对我来说是一次很难忘的经历！我很早就醒来了，然后看了日出的景色，十分漂亮。经过七个半小时左右，我们到了终点站。我们的导游很热情地欢迎我们，然后我们准备去参观东湖醋园。

山西酿醋的历史可以说是源远流长，西周的时候就设有主管制醋的醯官。

醋是中国传统的调味品。醋在中国很重要，山西老陈醋是山西最有名的特产之一。你到山西以后，就会理解为什么山西的醋那么有名！我们下车以后先看到了一块石头，石头上写着“华夏第一醋”，然后我们看到了很多醋坛子。我们一边品醋一边看宣传片。醋的独特气味令我们很惊讶。他们说：“手工八年不加香辛料原酿自然香”。原来做醋这么辛苦。现在我明白了为什么人们那么喜欢醋了。当地还有一句话说得很好：“做精老陈醋，做强保健醋，做大醋饮品，做好醋文章。”

参观完东湖醋园以后，我们又去了山西博物院。博物院里面约有藏品 40 万件，是了解山西历史文化的好地方。我看到西周鸟尊的时候很惊讶。凤的背上有一只小鸟，凤尾下有一个象头。藏品还有铜牺立人擎盘、白玉嵌宝石描金碗、佛像等等。我们还了解了中国钱币的历史发展和重要性。

逛完博物院以后我们去了平遥古城。我认为中国最好的古城在平遥。平遥古城有四大街、八小街、七十二条蚰蜒巷，里面有很多饭馆儿、小吃店、咖啡厅、酒吧和宾馆。但是这儿的冬天很冷，所以外面游客比较少。里面有中国现存各级文庙中历史最悠久的殿宇，是全国文庙中仅存的金代建筑。最大的庙也在这儿，还有很多人住在里面。平遥古城有很多门。晚上街道的美丽使我着迷，而且灯光秀绝对值得一看！

15 日早上我们去了常家庄园。它的门很有名，在很多历史电视剧和电影里可以看到它。从山西省会太原南下，在晋中市榆次区东阳镇车辋村，我们走进了一个规模庞大的民居建筑群，这就是近年来名声大振的常家庄园。这个堪称典范的常家大庄园，其大规模修建的时间可追溯到清雍正年间，后经 150 多年的不断发展，形成了今日之规模。里面有堡门、常氏祠堂、杏园沼余湖、石芸轩书院、观稼阁、贵和堂。最后我们去高铁站准备回学校。两个半小时以后回到了北京。

非常感谢学院给了我们这次精彩的体验！

我的山西之行

［俄罗斯］玛莎（1253班）

上周我们班一起去了山西省，为期两天。

先要去太原，我们坐的是火车。我们在硬卧上过的夜。我是俄罗斯人，所以对我来说这不是新的经历。但是，我不得不承认中国火车非常方便。

到达太原后，我们去了醋厂，在那里尝了山西老陈醋。这是一次难忘的经历，因为醋很浓。我也非常喜欢山西的传统美食，所有的菜都很好吃。

第一天，我们还参观了山西博物院。这个博物院是中国最大的博物院之一，也非常有意思。下午我们去了平遥古城。我们入住了一家酒店。我们感受到了优越的住宿条件，我对老城区的传统建筑很感兴趣。

早餐后的第二天，我们参观了常家庄园。我真的很喜欢那里。这是我旅行中最喜欢的部分。庄园风景如画，特别是因秋天的到来而变成黄色的叶子。庄园非常安静，我对这个地方的历史非常感兴趣。

下午我们乘坐复兴号火车返回北京。火车速度几乎为 300 公里 / 小时，因此回程只花了两个多小时。我很惊讶，因为之前我没有坐过这么快的火车。

我非常感谢汉语进修学院提供的机会，我学到了很多关于中国文化和历史的知识，并且可以练习汉语。

一次非常有益的语言实践

［日本］太田七濑（1253班）

这是我第一次去北京以外的地方，而且以前我不知道中国的火车和高铁是什么样的，所以我在每个地方都看了新的东西，这是非常有意思的经历。

我们一来到山西就去了东湖醋园。醋园里散发着醋的香味。我们尝了醋的味道。日本总是用醋做饭，所以我吃惯了醋的口味，但是其他国家的同学们不是这样的，他们对醋又酸又独特的香味儿感到惊讶。

吃完午饭以后，我们去了酒店。这家酒店有中国传统的风格，外形非常漂亮。酒店的床比大学宿舍的更好，又软又干净。我睡得很好。入住酒店以后，我和同学们自己去平遥的大街上逛了逛。我们观赏了城墙上的光雕投影——看上去是新技术和历史悠久的古迹的融合，这是非常美丽的风景。

第二天，我们去参观了常家庄园。这个庄园很大，我们不能游遍园子的所有地方。庄园里有很多建筑，它们都有非常精致的装饰，好看极了。我跟同学们拍了很多照片，那天的事将会成为美好的回忆。这个语言实践帮助我们更加了解了中国文化。

一次收获满满的语言实践

［法国］陶文侹（1253班）

2019年11月13—15日，我跟同学去山西旅行。我们星期三晚上坐了火车，在火车上睡的觉。这是我第一次在卧铺上睡觉，是一种很好的体验。大约8个小时之后我们到了山西。出火车站以后，我们见到了又热情又客气的导游。

我们一共去了三个地方。我们先去了东湖醋园，那里的导游告诉我们，山西的醋是中国最有名的。看了介绍做醋方法的视频以后，我们走进了做醋的房间。因为味道太重，所以我感觉呼吸很难。然后我们尝了山西的醋，导游说得对，虽然我不习惯醋的味道，但是这种醋不错。

第二个地方是山西博物院。这个博物院非常大，有四层，从第二层到第四层是有关山西历史的展厅，我对它们很感兴趣，而且我很感谢张老师的讲解。我在这个博物院知道中国文化历史中最早的龙文化是从山西发端的。

第三个地方是平遥古城，这是我最喜欢的地方。那里的气氛和景色既特别又漂亮，我迷上了这个地方，因为我们在那里可以看到中国文化。平遥古城的房子漂亮极了。晚饭之后我们欣赏了一个表演，在古城墙上，音乐和灯一起让我们欣赏了这个既好听又好看的表演。我们住的宾馆又舒服又独特，是四合院的样子，同学们拍了很多照片和视频。这样的机会，我认为一生中很少遇到。

最后一个地方是常家庄园，我发现这里的风景优美，常家庄园的导游为我们做了解说，比如，有孔子讲课的雕像、明代雕塑的四头狮子。第二个很有意思的地方是那里的四合院，在法国没有这样的地方，所以让我叹为观止。

我们去了三家餐厅，吃了没吃过的传统菜，都好吃极了。虽然有的菜看上去不太好吃，但是，入乡随俗，所以我决定尝一尝，结果都很好吃。而且我们去的餐厅档次很高，我跟朋友们一边吃饭一边聊天儿，我们都很满意。

这次旅行我有很多收获。我学了很多关于中国文化和历史的新东西，每个地方的气氛都让我很有感触。我现在可以说我在山西太原尝了中国最有名的醋和传统菜！作为班长，我也负责同学们的安全，每次离开一个地方都注意召集他们。总之，这次旅行让我感觉光阴似箭。这次旅行也让我多了解了一点儿我的同学。我感谢学院给我机会参加这次旅行。

山西好风光

[日本]松本水月(3051班)

2019年11月13—15日，我们班去山西省进行语言实践活动。这是我第一次去山西，语言实践前的期待感非常强烈。总的来说，通过这次实践活动，我感到中国文化的各个方面有多么博大精深。来到山西，我看到历史悠久的建筑物，感受到独特唯一的当地文化。在这篇报告中，我将分享自己在实践中的见闻和感受。

我们所要去的山西位于北京的西南，从北京到太原坐火车大概要7个小时，坐高铁的话需要3个小时左右。山西自然资源丰富，号称华北的“鱼米之乡”。当地的气候差异很明显，冬天和夏天气温悬殊、白天和晚上的温差也很大。山西有独特的语言、习俗、饮食文化。山西是中华文明发祥地之一，是中国著名的旅游胜地。“华夏古文明，山西好风光”是对山西的高度概括。

山西省现存有国家级重点文物保护单位 271 处，占全国的 11.5%，排名第一。山西省境内的国家级重要文物保护单位之中有三个世界文化遗产：大同云冈石窟、五台山以及平遥古城。山西之所以受到人们的赞叹，被誉为 “中国古代建筑艺术博物院”，是因为全国的保存状态完好的宋、金以前的地面古建筑物中，70% 位于山西境内。于是，众多旅游者纷至沓来，来到山西省感受中国悠久的历史和文化。

山西人以面食为主食。我在街上看到为数众多的刀削面店，从那些店经过的时候闻得到好香的味道，刺激我的食欲。这些刀削面的价格非常便宜，大多不到 10 元一碗。

还有，山西人爱吃醋，山西人在饮食中习惯添加陈醋，其中山西老陈醋最为著名。东湖牌山西老陈醋以高粱、大麦、豌豆、麸皮、谷糠五色五谷为原材料，以蒸、酵、熏、淋、陈五大工艺以及好多道工序为根本。为传承弘扬山西醋文化，山西省老陈醋有限公司开办特色醋文化园向游客展示国家级非物质文化遗产。他们在继承保持古代传下来的做法的同时，还创造出了现代化制造方法，进行新产品研发。老陈醋的味道非常浓烈，一进老陈醋的工房，里面浓烈的醋味就直冲鼻子。激发我的好奇心的是醋泡菜。把各种各样的东西直接泡在醋里面，浸泡一段时间而后食用。在那里我买了一瓶保养醋。味道酸甜，包装上面写着适合直接饮用，有助于调节血脂。对山西人而言，醋是面食的好伙伴。

我们这次参观的平遥古城是全国现存三座古城之一，被列入世界文化遗产名录。一看饱经沧桑的平遥古城，就有穿越时空之感，回味无穷。平遥古城周围的夜景非常美丽，值得去看一次。我们在街上逛了很久，尝试各种各样的醋和酒。我们走着走着，停在一家店前面，那些非同一般的一瓶瓶手工酒引起了我的兴趣。我们就进去看了看。在那家店我品尝了手工白酒。老板性格大方开朗，我们想尝什么，他就让我们喝什么。我平时不怎么喝酒，更别说白酒了。然而激发我的好奇心的是，那家白酒大多是针对女生的，比如说女人白酒、玫瑰白酒、樱花白酒等等。

还有，我买了雪花酥，准备回到北京送给朋友。那种雪花酥也是手工做的，把雪花酥放入口中，牛轧糖、饼干以及水果干等，各个味道就融合在一起，极其美味。我一开始吃就停不下来了。各种味道的雪花酥都是手工的，看上去很精致。虽然价格稍微有点儿贵，但是总的来看还是令我满意的。

在平遥古城，晚上 8：00 表演开始了。这场表演是一种灯光秀，以平遥古城为银幕。虽然 11 月中旬的山西十分寒冷，观众却颇多。我觉得既然来到山西，一定要出去欣赏。于是吃过晚饭后，我们手里拿着红豆奶茶，直接过去看表演了。

看完了表演，我们回到酒店。轻轻松松地侃大山。对我而言，我们住的酒店是在这次实践中留下印象最深的地方之一。我很喜欢那家酒店的风格，房子的外貌、房屋内的装饰都非常精美。

虽然山西的很多建筑物和遗址给我们穿越回古代的感觉，然而在乘坐巴士移动的时候隔着窗户映入我眼中的是高楼大厦、高楼公寓，比我想象的山西发达得多。

说到发展，太原的高铁站规模很大，装修也给人现代的感觉，一走进车站里边仿佛在机场似的。坐高铁回北京的时候我们极端疲惫，第一天的巴士里热热闹闹的，最后一天的高铁里却是安安静静的。坐高铁时，隔着窗户我看到了绵延不绝的平野、碧绿碧绿的树林，领略到中国山川景色的野趣。

语言实践的三天我们过得很好，尽情尽兴，时光过得非常快。这次语言实践给了我亲眼看到古代中国和现代中国的机会。很多古建筑物和历史文化遗址让我回味无穷。

山西之旅

［日本］塚崎智裕（3051班）

11月13日晚上，我们的火车从北京出发，踏上去往山西的旅途。乘车时间大约7个小时，第二天早上到太原站。我躺在卧铺上，不久就睡着了。我们的山西省之旅就这样开始了。

11月14日早上7：30左右，我们到了山西省太原站。山西省是中华文明发源地之一，它有着3000年的悠久历史，因此，山西省有很多旅游景点。

我们坐上大巴见了导游，导游是山西人，声音又大又清楚，有一点点的口音。

我们先从太原站坐大巴去了东湖醋园。山西的醋文化是国家级非物质文化遗产，我们在东湖醋园体验了山西醋的奥秘。醋厂里面，有刺激鼻子和眼睛的强烈味道，也有特别高的湿度。我们还品尝了东湖醋园的醋，它的味道又浓厚又芳香，和我吃过的一般的醋的味道不同。

我们离开东湖醋园就到了山西博物院，它收藏着 40 万件的藏品，而且今年是它成立的第一百周年。在山西博物院，最有趣的是收藏佛像的区域，它的陈列方式让人仿佛置身于石窟中，让人没有在博物院中的感觉。

参观山西博物院后，我们坐大巴往平遥古城出发了。平遥古城是已经有 2700 多年历史的古城， 是中国保存最完整的古城之一，也是中国世界文化遗产的古城之一，也曾经是清代晚期的金融中心。

到平遥古城就能看到高约 12 米的巨大的城墙，总周长 6163 米。平遥古城东西约 1550 米，南北约 1400 米，总面积约 225 万平方公里。平遥古城一共有六个大门，是四方形的格局，东西南北纵横交错四条大街，有一条纵贯南北的南大街，它是古城的中轴线，十分壮观，看起来好像历史电影里才会有的样子。我想象在古代从外地来到平遥的客人看到这堵城墙的时候，很有可能他们会被古城的规模震撼到。

我通过城门看到的是异样的世界，左右两边都有墙壁，和外面的风景完全不同，有与世隔绝的感觉。从古城内看城墙虽然没有从外面看的时候的壮观和震撼的感觉，但是有很悠闲很安全的感觉。

平遥最繁华的商业街是南大街，在明清时期，南大街控制着全国一半的金融，在古代是非常繁华的地方，现在也是古城中最繁华的地方，所以又被称为明清古街。现在的明清古街有很多商店、餐厅、客栈等等，所以有很多旅客，特别热闹。屋子的装修也比较豪华，门里有很多装饰。

古城中大部分的著名景点集中在明清古街上，明清古街有市鼓楼，故又名金井楼。它在平遥古城的中心，是平遥古城的象征，也是古城中最富丽堂皇的建筑。它是三重檐木构架楼阁，楼高 18 米，是古城最高的楼，它的特色是楼顶屋面红色和蓝色的彩色瓦里写着“囍”与“寿”两个字。

平遥古城里的大多数的建筑是普通民居，从明清古街走到小路上就有这种房子，没有明清古街的豪华和热闹，那边的建筑看起来大部分是用石头建的，石头有很多颜色，所以和明清古街感觉不同，仿佛北京的胡同。现在的平遥古城大概住着五万人，这些地方有小狗，也有电动车，也有破损的砖和无数的电线等等。这些东西让我感到平遥古城十分有生活感，和别的著名的老街相比很不同，商业化也没那么重，能看到以前中国的样子。

平遥古城每一条街道都保留着古代的风貌，但是有现代立体映射技术的演出。这个演出是晚上在城墙侧面进行的。射出特别强的光，音乐声很大，我是演出开始以后晚一点儿才到的，但是到城墙的路上能看到亮亮的光，听到声音很大的音乐。那个时候的平遥古城和平时的平遥古城相比，好像是另一个地方。

我们在平遥古城住的是平遥特色客栈。里面中心是天井，四面是二层的楼，再里面也是同样的结构，这样的结构从外面是看不到的，一定要住在特色客栈里边才能欣赏到。我跟同学们一起打牌到深夜，打完以后回到自己房间的时候，其他同学都已经睡觉了，客栈里非常安静，这样的客栈也特别美丽，那时候我的心情很愉悦。

平遥古城早上的时候是美丽的，有蓝蓝的天空，安安静静的街道，很多商店也还没营业，除了我们几个似乎没有其他旅客，这是在平遥古城最悠闲的一段时间。

我们早上离开客栈，从平遥古城里走过，然后坐大巴到常家庄园。那里有院落，院落的后面有花园。

常家庄园的周围是北方干燥的大地，但是它有无数的红叶树和大湖。这样条件下的土地上能造出这样的花园，真佩服它曾经的主人。

常家庄园规模巨大，虽然现在的面积只有历史上规模的五分之一，但是现在的院落的样子好像城市，花园也好像大的公园。谁能相信常家庄园是一座私人庭院呢？

山西省有很多景点，可以到太原在东湖醋园体验中国醋文化的世界，可以到平遥古城欣赏古代中国的壮观与悠闲，可以在常家庄园看到古代人的财富。

山西之旅，太原实践

[泰国]张绍清（3051班）

“十年中国看深圳，百年中国看上海，千年中国看北京，三千年中国看陕西，五千年中国看山西。”上述几句话提到了最能代表中国历史发展的五个地方。从中可知，中国历史最悠久的地区离不开现在我们所知道的山西省。

山西省，简称“晋”，位于太行山之西的黄土高原上，因此得了“山西”这个名称。山西省位于黄河以东，与河南省相邻。山西河南这两个省份属于中国的母亲河黄河流域，是华夏民族最早的居住地，也是中华文明最古老的发源地。考古学家在山西省发掘出了大量的文物，山西省所发掘的文物数量在中国排名第一，位于第二名的当然是与其相邻的河南省。

因为山西省酸碱适中的河水和得天独厚的气候条件，使山西这个地区很适合酿醋。古代的山西人发明了酿醋术，使山西成为醋的发源地。山西人酿醋的技术很高，他们也很喜欢吃醋，因而山西人就得了“醯人”这个外号。

“男人不吃醋，感情不丰富；女人不吃醋，家庭不和睦；小孩不吃醋，学习不进步；老人不吃醋，越活越糊涂；大家来吃醋，社会才进步。”这段话介绍了醋对人身体的各种好处。醋不仅是一种调料，还是一种对身体有好处的营养品。醋的种类各种各样，其中最有营养功效的是“老陈醋”。山西“老陈醋”有“天下第一醋”之称，它的味道醇厚，含有香味，不沉淀，储存得越久越好喝，也没有保质期。

“老陈醋”的原料为高粱、麸皮、谷糠、大麦和豌豆等，其制作过程非常复杂和讲究，酿出来的醋具有保健的功能，比如说，可以促进食欲、调整血压、美容养颜等等。

证明老陈醋功能的最好证据莫过于东湖醋园的工人。东湖醋园中年龄达到七八十岁的不少高龄工人都非常健康，他们没有任何疾病。东湖醋园是山西老陈醋公司的醋文化旅游园，这里让参观者体验到山西历史悠久的酿醋方法，也是让游客们深度了解山西悠久历史的一部分。

如上所述，山西省是大量文物的发掘地，所以用于陈列四十多万件珍贵文物的博物院就因此建立起来了。山西博物院位于山西省太原市汾河畔，博物院大楼为四层建筑，第一层展示有关原始社会、夏商时代以及晋国区域的文物。这一层陈列着许多古老的文物，如古人的骸骨、古代武器、古代酒器、古代首饰、古代马车等文物，其中最有标志性的青铜器就是“鸟尊”。

鸟尊是从西周时代的遗址挖掘出来的，其形状像凤鸟在往后看，但是它的尾巴为象鼻的形状，看起来非常生动。据研究，鸟尊是一种随葬品，体现了周人对凤鸟的崇拜。此外还表明古时候的中原地区有大象居住，大象是力量大的动物，所以古代人就把大象的一个部位跟凤鸟组合在一起，做成了一种新动物的青铜器，并进行崇拜。鸟尊是古代祭祀典礼中的一种盛器。祭祀祖先的时候鸟尊是用来装酒的，古代人相信，祭祀祖先时喝一些酒，就会变得更诚恳公开，这样对待祖先，会让祖先的灵魂得到安息。

第二层是有关民族融合和佛教文化的展室，以“民族熔炉”为主题的展室里摆放着中国以前北方少数民族的许多文物，这些文物有的很生动，有的很可笑。与旁边展室的文物相反，“佛风遗韵”展室陈列着许多既严肃又安详的佛像。

第三层的展览室展示有关文房四宝与古代货币的文物。在“方圆世界”展室里，我们能看到中国历代通用的钱币，如海币、铜币、刀币、布币、纸币、环钱等等。参观完博物院的三层楼，我们联想到现在的中国。从原始社会的古人到当代的中国，中华文明不知要经过多久的积累和磨炼，这片土地里不知埋着多少人的骸骨，才会有今天的中国。

除了博物院以外，山西省还有很多保留在原地的文物和古迹。在中国所有的古迹之中，平遥古城保留着明清时期的建筑风格，是中国最完整的古城之一。古城里边的大多数建筑物都有传统建筑，不是真古的就是仿古的。街道有很多卖古玩的，古城里的客栈也是仿古建筑。为了让游客体会中国传统居住习俗，有些客房会安装着传统供暖的床——“炕”。晚上的古城还有一个引人入胜的活动，那就是灯光秀，这个活动使古城的夜晚更为丰富。

来到山西，不得不提的是“晋商”。晋商是明清年间的山西商人，他们以经营盐业等出名。由于自然环境恶劣，当时的山西人不断为养家糊口而挣扎，不少晋商因做生意发了大财，其中常家是一个很好的例子。

常家庄园是常氏山西商家的住宅，这座庄园是规模最大的晋商大院，也是中国规模最大的庄园。与同时代的另一座规模非常大的晋商庄园——乔家大院相比，就有“乔家一个院，常家两条街”的说法。非常遗憾的是常家大院原来的建筑只剩下四分之一，现在大院里所看到的大部分建筑物是仿建的。

因为民国年间的晋中战役，常家大院的几个部分遭到了不少损毁。新中国成立后，大部分的常家大院被分配给贫困村民居住，他们把里面大多数珍贵的建筑物拆掉了，改成了自己的新房子。

虽然如此，一些院落归于当时的山西省政府，被用作军人的疗养院，所以这部分的建筑物就被保留下来了。后来，文化大革命兴起，“破四旧”运动使常家大院里的不少文物，如影壁、雕像、墙壁被损毁。幸好后来受到政府的关注得以修复。

常家大院里的每一个角落都反映出了中国的传统观念，尤其是儒家，因此常家大院有了另外一个名称，即“儒商世家”。在这个充满中国传统观念的院落里有多道影壁，其中最优美精致的一面影壁雕刻了四只狮子的图案，四只狮子代表“四世同堂”。在中国传统文化的观念中，几代家人和睦同居是一种福分。经历几个世代，这面影壁受了一些毁损，不像以前那么完美无缺了，连常家后代本身也同样经历了诸多磨难。现在的常家庄园已经不属于常氏后代了，常家后代们已经遍布世界各地各行其道，常家当时的名誉只能留在他们的记忆里了。

这次到山西省太原市去实践让我更多地了解了中国的古代历史，更多地体验到了中国的风俗文化，也更多地理解了中国人的传统思维方式，这次实践带给我非常珍贵的体验。

时光的流动，回忆的累积

——山西之旅

［美国］冯家妮（3051班）

11 月 13 日，晚上 8：45，我们在教一楼正门集合，老师是这么说，但是我 8：52 才到，迟到了 7 分钟。幸好还是赶上大巴了，等待着 9：00 出发，这一刻，标志着太原之旅的开始。

乘坐大巴不知不觉就到达了北京火车站，火车站两旁的钟塔建筑显示时间是 9：47，在晚上 10：00，我们一百多人一起同时进站，准备着登上晚上 11：55 的火车。上了电梯之后，在候车室等待着，这时已经是晚上 10：11 了，还有一个多小时才能上车。这么长的时间，我的朋友和我打算在车站里逛逛，看看里边的室内装潢设计。我们发现里面的壁画是为了 2008 年的夏季奥运会而创作的。画上描绘了许多运动种类，包含体操、游泳、篮球等等，个个都朝着希望之光前进，同时也象征着火车带着你朝你的梦想前进。

晚上 11：20 我们全班验票上车。同学们对于传统火车上的硬铺感到很新鲜。

早晨 7：00，窗外照进的阳光和车员的呼唤叫醒了车厢里的每位学生，提叫我们起床，让我们准备好下车。30 分的准备让我们慢慢观看到优美的风景以及美丽的朝阳。终于，早上 7：42，我们到达了太原站，正式进入了山西省。我们又乘上了大巴，朝着东湖醋园的方向出发。

在著名的东湖醋园介绍栏前，“世纪传承”几个大字格外醒目，我们能看得出醋在山西人饮食中的重要性。 因为山西地形环境关系，许多山西人喝醋的习惯。因为山西的水质是硬水，是碱性的。为了平衡人们身体上的 PH，人们需要喝酸性的醋来保持 7.0 的 PH。

经过一个小时的参观，我见识到了优质的醋的制作是多么费劲，必须要吃苦耐劳的人来做。其中最让学生们难以忘怀的是醋味的威力，它是那么呛鼻，甚至可能引起心脏病发作。为了了解醋的奥妙，我尝了尝，品到了它其中酸、甜、苦的微妙结合，真是和种神奇的味道。

上午 9：30，我们上了正准备往山西博物院开去的大巴，9：45 到达了博物院门前。博物院外观具有特殊的建筑风格，相当于倒过来的金字塔。博物院内分成好几层建筑，包括文明摇篮、夏商踪迹、晋国霸业、方圆世界等等。展览中我们见识到博物院的极品文物——鸟尊。尊是伫立回首的凤鸟形，头微昂，圆睛凝视，高冠直立。

这个馆中藏品表明在中国历史的不同时期山西省都占据重要地位，最明显的证据就是许多物品都是在山西省出土的。

参观完博物院，我们出去吃了一顿饭。午餐时，我真的能感受出中国人对饮食的重视。虽说只是一顿很简单的饭，但每一盘菜都色香味俱全。

下午 1：30 左右吃完午饭后，我们立刻前往平遥古城。由于车程需要一个半小时，大家可以利用这段时间好好休息一下。 下午 3：10，我们到了平遥古城。第一个见到的是古城外壮观的门。从这个大门走到我们的客栈有二十几分钟的步行路程。远是远，但是在这段路上，我们能见到古城里的各种建筑物、大街小巷、风俗文化。我们要居住一晚的客栈同样也具有古代中国的风格，采用木质结构，两层的大宅院，中有庭院。每间客房虽然表面看相似，但其中的一些细节大大不同，门前的对联没有一副是重复的，房间格局也不一术。我们把行李安放好之后，就抓紧开始探索了。

当再一次沉浸于这个古城时，与十几年前的平遥相比，才意识到现在的古城已经非常现代化了。当然，这也不足为奇，毕竟时代的潮流一定会带来新改变。以前朴素的生活已让位现代科技了；早期的单车、双人车被机器“导游”车代替，它会带您绕着古城游玩；最怀念的小吃铺早已被现在更受欢迎的肉串、珍珠奶茶甚至肯德基给替换了；纯粹的参观景点已成为商业街，耳边到处都能听到“钱”字。

即便这样，晚上的城里依旧还存留着那种肃静；天空依然还是挂着同一个月亮，闪着同样的星星。此外，新技术——灯光秀，给夜色带来更多光彩。这个秀结合了传统景象和现代科技，代表着古城的精神。虽然旧的东西依旧会更新，但是当初建造的历史仍然会一直保留下来。这个节目给这一天画上了美好的句号，我回房休息时带着这场回忆，直到梦中。

隔天早上我们到了常家庄园参观中国古代建筑。我对庄园的第一印象是 “很壮观”，但一旦走进去，就能感受到庄园里的凄凉和孤独。当初庄子主人的气势已被时代抽取，只留下当时的骨架和结构，冷冷清清的。虽然整个庄园只有四分之一保存了 下来，但是我们在这两个小时中能看出常家以前的家庭观念与精神，能够想象出他们是如何生活的。

再强大的罗马帝国也有倒的一天，世代相传的成就也有断绝的一日。从外看内，庄园的确壮观，从内看外，能感受到遗弃和孤僻，一如常家，一个非常优秀的家族，却早已在现实生活中被许多人遗忘了。

这次山西之旅也即将结束，我们又回到了火车站，乘坐现代高铁，快速抵达北京西站。虽然只有短短的两天，一半的时间用来乘坐大巴，但是我们能够体会到山西独特之处，有许许多多的收获，在我的学习中永不忘却。

第二部分

河南语言实践报告

安阳、漯河旅行报告

［波兰］约瑟夫（2051班）

大家好！我想给大家介绍一下我们班去漯河旅行的故事，我特别喜欢去漯河的活动。这次活动让我们了解汉字的发展和漯河的环境，我们的班也变得很团结。以前我们就是同学，现在是朋友。我们也有了认识所有中级下老师的机会，跟他们一起发现中国文化。故事开始前，我要感谢北京语言大学让这种活动成为我们留学生活的一部分。我们的大学和其他大学不一样，因为北京语言大学的留学生不仅可以平时上课，而且可以一边玩儿一边学习。学语言时，不但要读这门语言的书，也要了解该国的文化。去漯河让我们了解了中国文化和历史。

第一天，2019 年 11 月 19 号星期一早上 5：20 分，在北京语言大学东门前面，我们去漯河的旅行开始了。那一刻所有的同学都集合完毕，然后上车去北京西火车站，坐火车到安阳。在安阳我们先吃午饭，那天的午饭是最好吃的。为了解中国历史，午饭后我们去了一家很有名的博物院。在有3000多年历史的安阳，汉字最早在此发现。在博物院导游介绍下，我们不仅发现了这些汉字的意思，而且看到了商朝各种各样的东西，比如青铜器，包括礼器、乐器、兵器、工具，生活用具、装饰品、艺术品等。我觉得导游让我们理解的最重要的信息是这样的：世界最古老的四大文明（古巴比伦文明、古埃及文明、古印度文明和中国文明），只有中国文明的发展未曾断裂。汉字也很特别，因为世界上最古老的三大文字体系（两河流域楔形文字、甲骨文字、埃及象形文字），只有甲骨文经过发展后沿用至今。我喜欢这里的所有东西，我对商朝马车特别感兴趣。从安阳我们坐高铁到河南的漯河。晚上的时候在旅馆登记住宿后，我们在一起吃晚饭，然后大家都很累了，去了自己的房间休息。

第二天，周三早上7：00我们吃了早饭，早上的时候我最喜欢吃鸡蛋饼和玉米粥。然后我们去了一家很重要的博物院。在博物院大门前面大家一起拍照留念。我现在想介绍字形解义。字形解义由五块自然景石组成。分别镌刻着仁、义、礼、智、信中国传统文化的“五常”，以此为代表来诠释汉字形、义所蕴含的丰富内容。以上中国文化的一部分留给我最深的印象。导游给我们介绍了汉字的文化，也描述了一些很有意思的成语，比如“司马光砸缸”“桃园结义”“岳母刺字”，有特别的雕像代表每个成语的意思，所以记住这些很容易。参观这家博物院后，我们回酒店吃午饭，休息了一会儿。

下午2：00我们集合上车，去小学。我最喜欢这个活动，为什么呢？因为参观中国小学不仅让我们了解中国小学，而且小学生还教我怎么写书法，我们一起交朋友。小朋友送给我们小礼物、书法作品、对联等等，然后给我们很热情地表演，跳舞、唱歌、背诵诗。他们的老师们也准备了中国传统舞蹈。所有的表演非常好看，老师们也特别优秀。我们心里都非常感谢他们的表演。表演以后，我们又跟同学们一起打乒乓球，他们赢得了比赛。

晚上我们在饭馆吃过晚饭后，教授给我们讲很有意思的讲座。讲座的时候宾馆的椅子很舒服，员工会帮我们加热水。这个讲座让留学生了解到汉字很复杂，了解了汉字发展的历史。说实话，第二天的日程和这个讲座让我们很累，结果我们没有力气去玩儿，讲座结束后就在自己房间休息，早早睡觉了。

第三天，吃早饭后，老师们带我们去了漯河的工业区，参观三家不同的公司。两家公司生产各种各样的中国小吃，一家公司产生跟液力有关系的电缆。我觉得大家最喜欢最后参观的生产瓜子的公司，叫“开小差”。这家公司给我们表演了唱歌，然后留学生跟公司的员工都参加了很好玩儿的活动。我们一起拔河，第一次是我们赢了，第二次是员工赢了。离开的时候他们送了我们小礼物——瓜子，在回北京的火车上，大家都高兴地嗑瓜子儿。那一天我们还去了公园，参观了漯河发展博物院。晚上的时候也有听讲座课的机会，让我们理解汉字的历史和发展。

第四天，那天我们就回北京了，在车上休息，聊天儿。

一个动人的好故事

［马其顿］克里娜（2051班）

每个人都有刻骨铭心的经历。有时候这个难忘经历是很开心的，也是难过的。有时候这个经历跟我们的家人、爱人、朋友或者同学有关系。亲爱的读者，我想给你讲一个关于我在中国最难忘的旅行故事之一。

几周前，我有机会跟我的同学和老师一起参观了河南省的安阳和漯河。我们的旅游日程安排得太紧了，使得每个人都翘首以待旅游的开始。那个时候我也巴不得去，因为这次旅行活动之一是参观博物院。对我来说，博物院是一个神奇的地方，不仅帮助我们理解一个国家的历史，而且了解它的现状。换句说话，博物院代表一个过去和现在并存以建设更美好未来的地方。这次我们参观了安阳的殷墟博物院。这个博物院有什么特别之处呢？它代表了中国文字的历史。游客在里面可以看闻名世界的甲骨文——最古老的文字。除了甲骨文，博物院的文物也包括陶器、玉器和青铜器。这些文物都反映商代的社会生活和丰富的精神世界。我特别喜欢那些龙凤形玉器。我那天觉得很幸福有机会去参观殷墟，因为这个地方算是世界文化遗产，让我和中国历史结下了不解之缘。虽然我们有点累，但我们很惬意。这个博物院代表我们旅行的完美开始。所有的同学都玩得很开心，也拍了很多照片。我们的下一个目的地是漯河。

第二天，我们去参观许慎文化园。许慎是汉代一位有名的文字学家。他也是汉代原始字典《说文解字》的编纂者。我们的导游给我们介绍了许慎对汉字发生和发展过程的影响。后来，我们的导游也给我们讲了特别有趣的故事，就是“孔融让梨”的故事。这个孩子和他的哥哥吃梨时，把大梨给哥哥，自己留下小的。故事教育年轻人礼貌和谦虚的态度。我们在许慎文化园的最后一次活动是书法篆刻交流。书法大师给每个同学写了他们最喜欢的成语。我选了“有志者事竟成”，意思是如果你想成功，实现自己的梦想，你一定会找到一种办法。每个同学都引以为傲地给别人看自己选的成语，拍照片。那天下午，我们去了漯河的一所小学。跟小学生一起写书法、剪纸、交流，我玩得特别开心。没想到他们的动手能力这么棒，这么厉害。我也没想到他们从小这么认真、这么努力学习。后来，那些可爱的小朋友们给了我们一个惊喜，就是一场跳舞、唱歌、背诵诗歌的表演。我们都很欣赏他们出色的表演。表演后，观众都为他们喝彩。观众热情的掌声让他们很开心。在参观学校期间，另一给我留下深刻印象的事情是小学生用可回收材料制作的小型作品的展览。我们都对他们的创造力感到惊讶。一句话，那天是完美的一天。我觉得这次旅行的亮点是跟这些孩子交流。我永远不会忘记他们见到外国人是多么高兴。我被他们的笑脸感动了。

第三天，我们去漯河经济技术开发区，参观了一些公司，比如说卫龙公司。公司的总经理热情地欢迎了我们，给我们介绍公司的历史。这家公司的信誉很好，产品质量也好。大部分同学对这个食品企业的产品很熟悉，因为味道不错。大家都非常兴奋地尝试他们的新老产品。我希望这家公司的生意能继续蒸蒸日上。下午，我们去考察漯河城市展览馆。那边，我们的导游向我们展示了这个城市的可持续发展过程，从一个小村庄到一个现代化的城市。虽然漯河和北京无法相比，但是它的经济繁荣，发展迅速。我也特别喜欢展示城市未来 10 年发展计划的视频。看完后我就说不出话来了。我觉得这一切都是中国人民勤劳和集体精神的结果。然后，我们去参观了沙澧河建设，正好赶上观赏美丽的日落。

不知不觉，回北京的时间已经到了。对我来说，除了了解中国文化和历史，这次旅行的最大好处是帮助我们——同学们和老师们——更好地了解彼此。那时候，我感觉我们是一个去探险的大家庭，每天都发现新的东西，而且互相照顾。我们有机会去河南旅游都归功于北京语言大学。我非常感谢北语留给我的所有美好的回忆。我非常感谢老师们的支持和同学们的鼓励。所以，亲爱的读者，在你看来，这是不是一个好故事呢？

河南实践活动

［约旦］欧迈（2051班）

2019 年 11 月 18—22 日学校给我们安排了一次去河南的实践。我们早上 5：30 出发，从北京西站坐火车去安阳。大部分同学们都在开往安阳的火车上睡着了，因为大家很早就起床了。到了以后我们一起吃午餐。下午 2：00 我们到了殷墟博物院。在那儿我们学了很多关于汉字发展的历史。看到汉字长长的历史真让我佩服。我发现了每一横，每一点，每一划都有故事。

我们在博物院的时候，正好有中国中学生在做志愿者。小朋友们走近我们，非常热情地请我们在他们本子上签名。他们都非常礼貌，特别热情。显然，他们跟外国人交流的机会不多，所以他们很有兴趣跟我们说话，跟我们做朋友。值得一提的是，他们看我写阿拉伯语时就问我这是什么语言，什么字，不断地问我。这代表他们对阿拉伯语很感兴趣，我十分激动。在 15 分钟内，我给 20 个小朋友签了名，在 15 分钟内我交了 20 个朋友。这一部分毫无疑问是我实践中最喜欢的一部分。

第二天，我们去了漯河的许慎文化园。那儿有一位书法家给我们写了我们想要的字。我请他给我写的一句话是“能力是有限的，但是意志力无限”。 因为那天我们去了一所小学校，看到那些小学生的努力和意志力就知道了能力不是最重要的，而意志力是最重要的。那所学校的校长非常热情地欢迎我们，给我们介绍他们的学校和他们学校的不少成就。然后我去看了他们的书法班，看他们写那么好看的字，给我带来了惊喜。看学生们的力量和努力让我心想：难怪中国发展得很快。

第三天，我们去了漯河经济技术开发区，一共去了三家工厂，其中有卫龙公司的工厂。大家都知道这家公司的小吃和零食。他们信誉确实很好，而且他们公司的产品质量有保证，味道也很好，大家都很高兴地参观了这家公司。第四天我们就回到了北京。

在这次实践中，我们学了很多关于中国历史的知识。现在我们更了解汉字发展的过程。在这次实践中，我们不仅学了新知识，也交了很多很多朋友，还改善了与同学的关系。以前我们只是同学，但是通过这次实践我们变成了好朋友。

一次精彩圆满的实践

［格鲁吉亚］玛丽（2051班）

那次实践活动虽然已经结束了，和同学老师们的相处是短暂的，但是我从中收获的珍贵体验却是永恒的。我们参观了河南的两个城市——安阳和漯河。在城市游览、历史了解以及文化感知中，我的汉语水平也得到了显著的提高。在此，我想向活动中帮助、照顾我们的老师、导游与司机致以诚挚的感谢！他们在活动中给了我们无微不至的关心，这次的实践活动也正是因为他们才如此精彩与圆满！

在河南省的最北部，有一座与汉字发展渊源极深的美丽古城——安阳。第一天我们在安阳参观了国家考古遗址公园。这里是殷商文明的重要发现地点，也是商朝后期的都城，保留了非常丰富的历史遗迹。安阳有 3000 年的历史。这里出土的兽骨和龟片上刻有中国最早的汉字——甲骨文，其中甲骨文单字共有 5000 多个，已经识别的有 1000 多个。这些甲骨文大多数是商王朝统治者的占卜记录。中华文化博大精深，源远流长，这也是中华民族安身立命的根基。安阳理所当然地成了汉字的重要发源地。在博物院我们也看到了各种各样的商朝制造的青铜器，包括礼器、乐器、兵器、工具、生活用具、装饰品、艺术品等。走进殷墟博物院，就像走进千年的文化里面一样。导游的全面介绍非常有意思，让我们更多了解中国历史和文化。虽然导游的语速对我们外国人来说很快，但是我还是认真地听她的讲解，意思大概明白就好了。这家博物院的藏品给我留下了深刻的印象。

第二天我们在漯河开始了一场中华汉字的文化之旅。我们在工作人员的引导和讲解下，参观了许慎文化园，通过六书石柱广场、汉字大道、叔重堂、字圣殿、字形牌坊和许慎墓等景点，详细了解了汉字发展演变的光辉历程和许慎的传奇一生，切身感受到漯河悠久的历史和许慎文化的无限魅力。许慎是汉朝人，祖籍漯河，他以创作《说文解字》而闻名天下。《说文解字》是分析汉字字形和考究字源的字书，可以说是世界上最早的字典之一。然后我们也体验了中国传统的活字印刷术，从发展历史到亲自实践，我们感受到了汉字的灵动与古人的智慧。

“有朋自远方来，不亦乐乎”——下午我和其他留学生来到了漯河实验小学。我们来到艺术楼，分别走进剪纸、硬笔书法、绘画教室，看到小学生的精彩作品，赞叹不止。随后我们与小学生用汉语交流，认真地与小学生们练习起剪纸、书法、绘画。学校也为留学生精心准备了节目表演，舞蹈、论语诵读、器乐演奏、诗词合唱等。精彩表演博得了阵阵热烈的掌声，热情的互动让我们更进一步感受到了博大精深、源远流长的汉字文化。同时，我们用汉语向孩子们介绍了自己的国家，让他们了解更多外面的世界。孩子的世界简单无邪，他们与这些来自世界各地的留学生热情交流。希望能借此机会让他们心生梦想，激励这些孩子们好好学习，长大也能走出国门，看看外面的世界是怎么样的。外国留学生朋友和孩子们一同唱歌，一起游戏，拉近了彼此的距离，加深了彼此的互动。活动最后，孩子们还教我们打乒乓球，交流活动不仅为我们搭建了了解中国小学教育的桥梁，也让我们近距离地了解中国的传统和现代文化。漯河是一座美丽而有文化底蕴的城市，漯河之行让我们收获很多。

第三天的活动就比较常规了，我们参观了一些著名的企业和工厂，也看见了生产的过程。然后我们到城市的公园。跟北京的公园相比，漯河的公园几乎没有人，是一个非常安静的地方。这次实践让我发现，我从小学习的汉字源自河南省，我认为，河南省可以称为汉字文化的发源地了。第四天早晨大家就一起坐高铁回北京了。我们的实践活动就这样结束了。

总体来说，我在安阳和漯河的体验非常丰富多彩，这个旅游让我印象深刻。我又一次体会到了中国的文化多么美，中国的历史多么悠久。我非常感谢学校给了我这个机会参加实践活动。研修活动给我留下了美好的回忆，也增加了我的汉语知识。

一次难忘的河南之旅

[蒙古]通嘎（2051班）

首先非常感谢学校领导和老师们专门给我们组织了美好的旅行。在我们去旅行之前一个月，学校通知了我们，我听到这个好消息很高兴。因为我以前没进行过这样的实践旅行，觉得很有意思，我认为这是一个跟其他国家的同学认识、交朋友的好机会。这一个月的时间过得很慢，在这段时间内我准备旅行，在网上搜索了我们将要去旅游的地方的天气、博物院的信息等等。等了一个月，我终于出发去河南旅行了。

11月19日早晨5：20分，我们在学校门口集合，坐高铁去安阳市。因为那天早上我们起得都很早，所以大家都在路上睡觉。我们的第一个目的地是河南省最北部的城市——安阳市。我们到安阳以后，首先吃了当地的美食，然后去参观安阳最著名的殷墟博物院。有一个讲解员给我们介绍了安阳市的简介和博物院的主要内容。安阳市有3300多年的建城史，是早期华夏文明的中心之一。还有，这个市是中国八大古都之一、中国历史文化名城，甲骨文的故乡。世界上最大的青铜器——后母戊大方鼎——在这里出土。我们在那儿能看到各种各样的商朝制造的青铜器，包括礼器、乐器、兵器、工具、生活用具、装饰品、艺术品等，而且能了解更多关于汉字的早期形式。对学汉语的我来说，最有兴趣的地方是汉字走廊，表现了现代的汉字怎样形成，还有甲骨文古今文对照表，旁边有甲骨文的造字方法和甲骨文的读写方法的牌子，这些都很有意思。我们在安阳市的时间比较短，晚上我们又去了第二个目的地——漯河市。

11 月 20 日，早上在亮奇酒店吃过早餐，按照旅程的计划来到了许慎文化园。我们参观了六书石柱广场、汉字大道、叔重堂、字圣殿、字形牌坊和许慎墓等景点。许慎是漯河的著名人物。他的著名作品是《说文解字》。《说文解字》是中国第一部系统分析汉字字形和考究字源的字书。每年的高考时节，总会有些学生到许慎庙前拜一拜。我到这个文化园参观，不仅了解到了汉字的由来，而且体会到了中国汉字文化更深、更广的知识。我们同时体验了中国传统的活字印刷术，给我们看最早印刷过程的视频。据我所知，活字印刷术是中国首先发明的。随后，我们还和现场的书法家进行了交流学习，书法家给我们送了书法作品。下午，我们去了漯河市实验小学，和小学生们进行交流。他们热情地欢迎我们。该校副校长给我们介绍了学校。这个学校外面环境干干净净的，每条路都有名字，给我留下了最深刻的印象。因为孩子们在哪里，哪里就充满了快乐。我跟一个三年级小学生认识了，她很可爱，很热情，有些害羞。小学生们给我们表演了各种各样的节目，非常精彩。最有兴趣的是，我在那儿跟小学生们一起打了乒乓球，因为我很喜欢打乒乓球，所以真希望可以留在那里。可是我们参观的时间比较紧，所以很快就回酒店了。

11 月 21 日，我们按时出发，去了经济技术开发区参观了三家公司。我们看了那些公司的生产过程，还有他们送的公司产品，一家公司甚至给我们准备了舞蹈表演，和我们一起组织拔河比赛，留学生队赢了。然后我们去了中山公园，我们到的时候人很少，在那儿同学们一起合了影。随后我们去了漯河市展示馆。在这个展示馆里我最有兴趣的是动感影院和漯河市总体规划模型，使用现代的技术展示了本市的历史、文化、发展和基础设施。我们旅行最后的地方是沙澧河风景区。那儿很安静，有的人带孩子一起玩儿，有的人在河边散步，还有讲解员教给我们地方方言。就这样我们的实践旅行结束了。

总之，这次旅行给我留下了很多美好的回忆。通过这次旅行我有了很多不同国家的朋友,我们路上交流了很多话题,使这个旅行更有意思了。就旅行组织而言，我非常有安全感，老师们经常关心我们，还有住宿和餐饮都很满意，每天都有各种各样的美食。我觉得，这两个城市很安静，虽然不像北京的快节奏生活，但是我喜欢，因为我喜欢安静的环境，这让我很放松。我再次为组织这个旅行的学校领导和老师表示感谢，我永远不会忘记那几天美好的时光。

安阳、漯河实践报告

[日本] 筒井佳奈子（2052班）

这次实践旅行，我有三个收获。第一个是提高了汉语水平。去博物院听讲座时，我们去哪儿都用汉语听说或者交流，所以我们总要注意认真听别人说的话。还有，我们平时听的汉语是老师们说的，但是这次实践中听的大部分是当地人说的汉语。我接触了当地人说的汉语。第二个，我加深了对中国的了解。我们访问了汉字起源的地方，访问了当地的小学，看到了中国的教育情况，还参观了好几个工厂，感受到了中国的发展。第三个，我跟同班同学和别的留学生交流了很多。虽然我们是同班的同学，但是还有一些我还没说过话的同学。在这次实践中，我们班每顿饭都在一起吃，所以我们有很多交流的机会。我们谈论了自己国家和别的国家的差异以及自己的感受。我们的交情比以前更深了。我还和不同班的留学生进行交流。在这次实践旅行中，我跟别人交流了很多，了解了很多国家的事情，交了很多朋友，也有很多机会和大家用中文交流。

接下来，我想讲一讲这次实践中印象特别深的活动。

首先我们访问了殷墟博物院。日本也使用汉字，汉字是在我的生活中必不可少的东西。日本的汉字相对中国的汉字复杂一些，不过虽然两国汉字有些许差异，但是意思基本上是一样的，所以去这家博物院学习汉字不仅能理解中国文化，也会间接加深理解日本文化。这次访问的机会对我是很有意义的。我看到了在龟壳上刻着的文字，我感到有些吃惊，因为没想到龟壳那么大。很多文字还没考证出来，所以我看龟壳上刻的文字时不能理解它们表达什么意思。然后我看到了汉字的演变过程。在那里我找到了日本常用的汉字变化来源，还知道了他们的变化经过。并且，我看到了介绍中国人的姓氏和十二支的甲骨文展示。在博物院里面保存着很多出土文物，我看到了在中国出土的最大的青铜器“后母戊鼎”。这些出土品和遗址告诉我们以前在这里有人类活动。

第二天，我们参观了许慎文化园。我们在许慎文化园的体验馆里参加了两个活动。我们首先学习了中国的活字印刷。印刷术是中国的四大发明之一。我觉得中华民族是具有创新性、有优秀品质的民族。在那里我们体验了众多印刷术中的一种印刷术。由于中国人发明了活字印刷技术，书籍才得以广泛传播。这让我感慨很深。然后我们有机会向书法家学习如何书写我喜欢的汉字。在日本也有跟中国一样的书法，但我们平时用硬笔写字，所以为了写漂亮的字，我学了硬笔习字。于是我一直期待这里的活动。我认为我们写的字会表现我们自己的心理状态和我们的性格。我学习写字时，“心”这个汉字给我留下了深刻的印象。这个字的笔画很少，很容易写。因此，如果写错或者写的不规范，就很容易被发现。我每次写这个字的时候，都要练习写好几次，比写别的字时更集中注意力些。写这个字对我来说最难，所以每次完美地写出这个汉字我很高兴。“心”是我最喜欢的汉字。当我请求他写这个字的时候，书法家告诉我“最简单的字是最难写的字”。我觉得他说得很有道理。我非常高兴精通书法和汉字的人和我有一样的想法。让我很高兴的是，书法家写完以后主动要和我拍照片。我很感动他给我写这么笔法有力的作品，回国以后也会珍藏这幅作品。

最后，我们访问了当地的小学，跟那里的小学生进行了交流。访问小学是我在这个实践中最期待的活动。因为一般的旅游不会有机会访问当地的学校和当地的学生。有这样的机会参加这种活动是北京语言大学留学生的特权。我参加了访问学校设置的艺术课和书法课。在艺术课堂上，我跟小学生一起学习“剪纸”。他们剪成了老鼠的形状。老鼠是十二生肖中的一种动物。他们做老鼠的剪纸是因为明年是“子年”。旁边坐的小学生帮助我完成了作品。我们开始时都很紧张，然后我问了他们好几个问题。他们告诉我这个艺术课一周有两次。我问他们什么属相，我们发现彼此竟然都属虎。他们是很可爱的三年级学生，年龄比我小十二岁。最后，他们送给我他们做的作品。他们的技巧很好，我很高兴能够跟那么可爱的小朋友交流。接下来，我去参加了书法课。一个三年级的小学生教我怎么用毛笔写字。他写得很棒，他知道日本的首都在哪里，我佩服他的书法技巧和他的知识。他没想到我知道笔墨纸砚的用法和写字方法。我告诉他日本也有书法课，所以我了解一些。虽然我小学的时候有学习书法的经历而且很喜欢书法，但我并不是很擅长。通过跟那个小学生交流，我很高兴了解到中国的书法教育：中国的书法课设置次数多，再加上学生的刻苦练习，中国学生的书法水平很高。我的三年级“小老师”说，他最喜欢的课是书法课。通过参加小学生的课，我感到中国学校通过设置艺术课帮小学生深入认识中国文化，而且艺术课的次数比较多，这样的方式非常有效，我参加剪纸艺术课时，和我交流的小学生是三年级和五年级的。我很吃惊他们是不同的年级。在日本，各个年级有自己的班，但是仅在自己的班级上课。虽然有时候同样的年级的不同班级可能也会一起上课，但很难看到不同年级不同班级一起上课。我还发现与日本不同的地方是，学校墙上挂着著名人物的名言。我明白了这些也是中国与日本小学教育方式的差异。与小学生交流的时间太短，真的不够，这么宝贵的机会以后的生活中肯定没有了，这是很遗憾的。我有很多疑问想向小学生问。虽然我们沟通的时间不多，但是小学生们非常欢迎我们。而且，我很感动的是，他们听得懂我说的汉语，不停与我对话。我很舍不得离开他们，希望会再见到他们！我还希望他们通过与别的国家的人交流，对国外的文化或者其他方面产生新的兴趣。

通过这次实践旅行，我加深了对中国的理解。比如，在文化方面，我看了古代的文字，体验了印刷术；在教育方面，参观当地的小学和小学生进行了交流。还有访问了漯河的开发区，参观了好几个中国工厂，使我感到了现代中国的发展。我对漯河的印象是，漯河有历史，是发展中城市，而且是一座既漂亮又很悠闲的城市。如果有机会，我想再去漯河旅游。这次经历使我觉得要更努力学习中文与当地人交流，还要更多了解中国文化。这次的实践是一次意义非凡的经历。我很高兴我参加了这么宝贵的活动。我要对学校给我这次机会表示衷心的感谢。

汉字之城：安阳和漯河

［韩国］张世勋（2052班）

我 11 月 19—22 日参加了 2019 年汉语进修学院中级下语言实践。今年的语言实践地点在河南省的安阳和漯河。虽然去年 11 月我已经和初级下的同学一起去参观了漯河市，但在这次活动期间，我看到了更多的文化，听到了更多的故事，也体验到了更多活动。

第一天，早上 5：20 前到达学校并不是一件容易的事情。为了准时到达学校，我早上 3：30 起床了，早上起得太早了，我很迷糊，给还好准时到达学校。我们从学校出发以后，到北京西站的路上也没有堵车。在北京西站吃过早饭后，乘高铁先到河南省的安阳。我们在安阳市一家酒店的餐厅里吃了午饭，这是我第一次和别的班同学一起吃饭，吃饭时间很短，我跟他们不能交谈过多，但跟新朋友聊天让我感到很高兴。吃午饭后，我们去参观了殷墟宫殿宗庙遗址，殷墟宫殿宗庙遗址是中国考古学的诞生地，也是甲骨文发现地。我在那里能看到了各种形态的甲骨文，据博物院导游介绍，古代人在乌龟壳或动物骨上刻下了如画的文字，这就是甲骨文。甲骨文是现代汉字的起源，甲骨文几经变化，最终变成现在的汉字。博物院周围到处都是介绍从古代甲骨文演变而来的现代汉字的展品。导游最后说，现在还有许多没有辨识出来的甲骨文，如果你能把甲骨文解释清楚，就能获得许多奖金。其实，对我来说，甲骨文是高中的时候在书上看到的，这么稀有的甲骨文，我来中国亲眼一看，感觉相当荣幸。在殷墟宫殿宗庙遗址上除了甲骨文，还有许多珍贵的文物，公元前 13 世纪左右的文物还完好地保存着，这样的事情让我感到十分吃惊。我们去参观时，许多中学生也在参观，他们在博物院里勤奋学习的态度令我很感动。那时候，我感觉中国学生学习那么认真刻苦，中国将来一定会发展得更快。参观完后，我们又坐高铁去漯河。到漯河的亮奇酒店，已经是晚上 10:00 了。吃过晚饭后，躺在床上的时候，我都筋疲力尽了。第一天虽然很辛苦，但是学到了很多新东西。

第二天，吃过早饭后，我们去参观了许慎文化园。许慎是东汉著名经学家、文字学家。他花毕生心血著就的书就是《说文解字》，这本书是中国第一部以六书理论系统分析字形、解释字义的字典。《说文解字》不仅保存了大部分先秦字体以及汉代和以前的不少文字训诂，而且反映了上古汉语词汇的面貌。这本书因为是1800年来唯一研究汉字的经典著作而闻名。对我来说，尽管这是第二次参观，但许慎对汉字的热爱再次令我感到震撼。参观结束后，我们参加了两种体验活动，第一个活动就是我们直接用活字把一些汉字印刷在纸上，这令我又新奇又感动。第二个活动就是著名的书法家亲自把汉字写给我们，我很希望请位书法家写“如愿以偿”的汉字，可是排队的人太多，我决定把这次机会给首次来漯河的同学，就放弃了。去年，有位书法家写了“中庸”的汉字给我，我对那两个汉字已经足够满意。

我们吃完午饭后，去参观了漯河实验小学，在那个学校和小学生一起参加了各种活动，抄写古诗、剪纸、工艺、画画儿、写书法、打乒乓球等等。和那些小朋友们一起的活动都是很有意思的。三个小朋友把自己做的工艺品送给我了。于是，我也把自己做的工艺品给了一个孩子，然后写明信片给另外两个孩子，我们还一起照了相。我们一起参加的活动结束后，我们看了小朋友们精心准备的演出，这场演出是他们平时勤学苦练的成果，他们唱歌很好，跳舞也很好，我们注视着他们的一举一动，但一点也无可挑剔，这场演出让我们很感动，是非常有意义的实践。我很想在漯河实验小学更长时间参观，但由于安排的时间没有那么长，我依依不舍地离开了学校，现在还忘不了每个小朋友脸上灿烂的笑容。回酒店吃过晚饭后，我参加了一个以古代汉字为主题的讲座，我那天特别累，精神没有那么好，所以听得不太专心。讲座结束后，为了第二天早起，我早早入睡了。

第三天，我们早上去参观了漯河市的经济技术开发区。那里有各种各样的公司和工厂，我们参观了三家公司，第一家是食品公司，第二家是液压公司，最后也是一家食品公司。每次到中国公司参观，他们都让我大吃一惊，我实事求是地说中国经济的发展已经超过了韩国，每个工厂的设施既安全又干净，已经很现代化了，在韩国不少工厂的设备还没到达这样的水平，我突然觉得很羡慕中国。在三家公司中，最后的食品公司给我留下了深刻的印象，尤其是舞蹈表演和拔河比赛，更是别具一格。吃过午餐后，我们去参观了漯河市展示馆。据说，漯河是一座有 3000 多年历史的城市，经过长期的发展，形成了今天的样子。我参观了那里的许多展品，不但很羡慕中国悠久的历史，而且很羡慕快速发展的当今中国。参观完后，我们去漯河市河边的公园散了散步，很多人和家人一起在河边散步的情景让我心情很平静。漯河市导游讲了许多有关那里的故事，但我仍然难以听懂。

回到酒店吃晚饭后，参加了关于汉字部首的讲座，对我来说，汉字部首是非常有趣的主题。韩国还有汉字词典（这不是中国的汉语词典)，用韩国的汉字词典查找词语的时候，学生们都应该先理解汉字部首，因此，韩国的高中生在上汉字课时，必须学习汉字的部首。当然，我在高中时也学过汉字的部首，但是学得不太透彻。讲座结束后，我觉得如果有机会的话，我想进一步研究一下汉字的部首。

最后一天，坐大巴和高铁返回北京的路上虽然既无聊又漫长，但是可以消除旅途的疲劳。我利用这段时间补充了不足的睡眠，也把在这次语言实践中我经历的一切整理一下了。再回到北京，我就应该做剩下的作业，准备考 HSK。我对这次活动感到很满意，是因为这次活动让我体验了新的东西，并使我学习了许多东西。如果下次还有这样的机会，不管多么忙，我都会再来参加的。

漯河旅行

［澳大利亚］颜加明（2052班）

如果你两年前问我，“2019 年 11 月时可能在做什么？”我可能会简单地回答：“哦，我在墨尔本上大学，快要放假了。” 我绝对没想到我那时其实在跟一百多学生一起坐高铁去中国的河南省。为了真正学好汉语，我也一定要更深地了解中国悠久的历史和丰富的文化。人们生活的环境一直在影响着语言的发展，也就是说，随着中国社会的变化，汉语这种语言也跟着改变。以下，我要介绍一下这次旅游给我最深印象的四个经历。

首先，我要讲一讲在安阳参观殷墟博物院的经历。在这里我亲眼看到了很多中国古代甲骨文的文物。甲骨文是中国现存最早成体系的古代文字，是在大概 3000 多年以前的商朝出现的。我最喜欢的一个爱好就是画画儿，所以我第一次看这些甲骨文的文物就想：难怪我很喜欢写汉字，而且老觉得写汉字像画画儿一样。原来，这种最古老的汉字就是象形文字。在我们自己去游览的时间，我看到博物院大厅的外墙上挂着一些牌子。牌子上都画着甲骨文字，也画着那个甲骨文字的对应的现代简体汉字。我真的觉得古代人创造甲骨文字的方法非常巧妙。比如，为了表示“听”，他们把一个“口”和一个“耳朵”画在一起，太聪明了！

其次，我要说一说汉字书法。在许慎文化园，我们看了一些书法家写中文传统的汉字——繁体字。看这几位书法家写字的时候，我发现他们各有各的书法风格，而且他们的书法都写得特别精妙。他们优秀的书法技巧真使得我觉得每位师傅都有很丰富的书法培训经验。一位师傅给我写了中国的一个词语：家和万事兴。它的意思是：一个家庭和睦的话，无论发生什么困难都能克服，无论有什么目标都能达到。一家人高高兴兴地一起过日子。这句话，对我来说非常有意义。作为一个留学生，我好久没见到我的家人了，所以能把这些师傅特地帮我写的字作为礼物带回家送给我父母让我特别兴奋。师傅写完字以后，他把上面刻着自己名字的印石轻轻地放进红墨水里，接着把印石放在纸上，印出了自己的名字。这样做真的给他的艺术品带来了比较独特的韵味！ 通过这次体验，我对中国文化产生了一种新的看法：中国艺术的种类数不胜数，我再怎么努力学习中国文化，也学不到底。虽然种类很多，但是每一个都是中国文化不可缺少的一部分，很值得去了解一下，因此我就该坚持认真学习下去。

第三个要谈的经历就是在漯河实验小学跟小学生们一起上课。实话实说，我没想到上课会那么好玩儿。一进学校，我感觉自己仿佛是个大名鼎鼎的明星，大家都热烈地欢迎我们的到来，而且小朋友们送给我那么多小“礼物”。上课时，我学习了剪纸、书法。学习剪纸时，我跟一个又善良又可爱的小女生一起在纸上剪出了一只老鼠的形状。她虽然有点儿害羞，但是她还是快快乐乐地跟我合作，剪纸时给我很大的帮助。做完以后，我也接受了很多小朋友亲手做的艺术品礼物，包括她做的。这让我特别感动。有了这样的纪念品，我永远忘不了我当时在漯河实验小学玩儿的感触。

最后，我想要分享在漯河的沙澧河旁边浏览的活动。这次可能是我在漯河的时间里给我留下最深的印象的活动。我跟同学沿着河边一边走一边聊天儿，心情特别愉快。到河边时，太阳正好开始落下来，耀眼的太阳光让河里的水变成金色。看着这样的情景，我觉得就像进入了一幅风景画一样，到处都是奇美的景色。在这里我不但欣赏了美丽的风景，而且也观察了当地人的休闲活动。公园里有一些年轻人高高兴兴地打篮球，有一些充满活力的老人，手里拿着红色的扇子练习武术。他们缓慢的动作就像跳舞一样。这样的情景最适合代表漯河的状态。漯河是一个还在发展的城市，到处都有正在建筑的高楼，但是它也是一个有着悠久历史的地方。作为一个现代与古代并存的地方，漯河真有自己的特色。

总之，这次去河南省旅游，我不但对漯河的风土人情有了更进一步的了解，而且也对中国古代的汉字变得更熟悉。有了这样的机会，和朋友们一起旅游，一起享受中国小城市的悠闲生活，我觉得十分幸福。

语言实践报告

［日本］加地遥菜（2052班）

这次去的地方都是我第一次去的。在这次实践中，给我留下了最深印象的是汉字的历史。第一天我们去了安阳的殷墟博物院。殷墟是商代后期的都城遗址，在这个地方发现了宫殿、宗庙等等，还出土了大量的甲骨文、青铜器、玉器等的文物。现在我们用的汉字是从甲骨文演化而来，所以我看到甲骨文发现地时很感动。我已经知道汉字有悠久的历史，但从来没亲眼看过那些汉字的前身。我们在课堂上学习的时候，很多很多外国朋友说很羡慕日本人，因为我们也用汉字。在实践中，一个同学问我是不是感觉很无聊，因为日本人已经知道汉字的由来。我听了他的话就摇头，因为我没专门学过汉字的由来。我们在学校里学习汉字的时候，只是学怎么写汉字或怎么读汉字，但是我知道一些汉字怎么来的，这些知识是我在课外学到的。比如说，在元旦，我去看奶奶的时候，她教我为什么叫元旦。她在纸片上画出来“旦”这个字原本的样子，就像一个太阳从地平线上刚出来的样子。在博物院里我听导游的讲解时我想起来我小时候奶奶讲给我的文字知识，感觉我又开始学汉字了。由于对我个人来说，汉字已经渗透到了我的生活，因此学习简体字的时候也没那么特别地想这个字是怎么来的。

我们第二天在漯河市考察了许慎文化园。许慎是一位东汉时期的文字学家，他把自己的一生投入汉字的发展中，编写了世界上最早的字典《说文解字》。许慎文化园里有各种各样的文物和展示品。其中，一块牌子引起了我的兴趣，它写的是许慎在“说文解字”中指出来的几句话。

第二天的下午，我们参观考察了漯河小学。在小学我参加了许许多多的活动，也发现不少了不起的小学生。他们在课堂上很认真地听课，主动回答老师的问题。我们路过一些教室时，听见孩子们正在一起大声地读课文。我是小学生的那时候没有那么认真学习。这不意味着我的同学们都很调皮，我觉得是日本的学校重视的部分跟中国的不太一样。在日本，一般的父母想孩子在学校内外学习事情，因而小学生拥有的课程的多少比中国小学生少得多。这样一来，他们下课后可以出去玩，在生活中学习。上个学期我在课本上学习了中国小学生为什么那么辛苦，所以很好奇实际的小学生的情况。

参观漯河小学，我对中国小学的看法有了些改变。因为我用自己的眼睛看到的是既开开心心又认认真真地学习的小孩子们。我小的时候，上课时一直听老师讲，自己说话的机会没那么多，而中国的小学生学习很主动。所以，很多小学生会用自己的话解释很多事情，也会说出自己的看法。我考察他们在科学课做的作品的时候，一个 5 年级的学生给我介绍他们组做的作品。她说的内容很丰富也很清楚，但是没看什么纸条或什么笔记本。这样的能力肯定有平时上课的影响，所以我认为中国小学生在学校里学到的知识是会派上用场的。

活动的最后一天，我们去经济技术开发区和漯河城市展示馆。我们先去了几家工厂，它们都有自己公司的一些标语。通常写的是“团结”“提高质量”“一流管理”这样的词语。我来考察以前，我以为中国的大部分的工厂只是重视自己的利润。通过这个考察，我才知道中国的企业会对员工各方面的事情都负责。比如员工工作的环境、卫生方面、子女教育等等。我在日本曾经考察过几家工厂，实话实说，我觉得比起我看过的日本工厂，这次看的中国工厂还有要改变的地方。我同时看到了中国的发展的部分和稍微有些欠缺的部分。通过这次实践我学到了很多事情，也激发了我很多好奇心。我自己知道这次语言实践会对我以后的汉语学习有帮助。

漯河语言实践报告

［乌克兰］尼可（2052班）

这个学期北京语言大学的汉语进修学院组织外国学生去漯河参加语言实践。出发几天前，老师们给我们介绍了我们的语言实践计划。学习汉语的外国人通过这次实践可以了解汉字的发展，互相交流，了解中国的河南。

11月19号早上5：40, 我们和老师离开了北语。我们要从北京坐火车去安阳。在安阳我们去了一家殷墟博物院。我们分成几个小组，每个小组跟着一位导游。她给我们介绍甲骨文是最早发现的古代中国的文字。商代时人们在甲骨上写汉字。现在我们知道那时候的字跟现在不一样。在博物院我们看到了很多藏品，比如商代货币。人们把海贝做成货币。每一块海贝上面有孔，这是为了把它们穿在一起。导游跟我们介绍了不同形状的鼎。博物院外面的一面墙上面有些画，介绍甲骨文和简体字区别和相像的地方。

第二天我们去了许慎文化园。许慎是中国有名的文字学家。他在中国历史上编写了中国首部的字典《说文解字》。在文化园也会看到好几座塑像。每座塑像介绍一个成语故事，比如“南门立木”的故事。参观外面以后我们走进了文化园的一栋楼。在里面我们参加了几个体验活动。我们不但看，而且亲手尝试了活字印刷。离开北京前，老师们告诉我们实践时可能有机会见到几位书法家，他们会给我们写我们最喜欢的汉字或者语句。那时候我已经决定请书法家给我写什么了，是孔子说的一句话“学如不及，犹恐失之”。因为人不能学到所有的知识。古老的话语包含的道理至今仍值得我们遵循。

那天下午我们班去了漯河实验小学。来到了学校后我没想到在中国小学生的生活那么丰富。我们去过几个教室跟学生们交流。画画课的时候我跟学生们一起画画。然后我们去了书法课,那儿有几个学生教我书法。我觉得所有的学生——北语的留学生和漯河小学的学生相处都非常愉快。孩子们也送给了我们一些礼物。我把几幅画带回了北京。晚饭以后我们都参加了一次汉字知识讲座。老师给我们介绍了汉字的发展，介绍了汉字六书：指事、象形、形声、会意、转注和假借。老师在白板上画了一些字并介绍了它们现在为什么这样写。

第三天我们去参观了几家工厂。第一家工厂生产零食。

我们不但看了它们的制造流程，而且还品尝过它们生产的食品。最后一家工厂生产零食和快餐，他们制作甜零食，比如说爆米花。然后我们去了漯河开发区中心公园，在公园参观过以后我们到了漯河城市展示馆。那家展示馆真的很值得参观，里面有很多视频，可以帮助你了解漯河的历史和这座城市的特点。那天最后的目的地是沙澧河建设。导游给我们讲过几个中国故事。然后她教了我们几句漯河当地方言。我们跟当地人交流的时候用过这些话，他们说我们真像当地人。

第三天晚上所有的学生参加汉语部首的讲座。我觉得最有意思的例子是肉和月为什么有同样的写法。这次的实践让我知道了汉语历史真的无比悠久。

我非常感谢北京语言大学和漯河市政府给外国学生机会了解中国历史，了解汉语最早的文字。我们现在不但了解甲骨文和漯河历史，而且了解现代的漯河社会，还在同学之中发扬互助友爱的作风，这次的实践给我留下了深刻的印象。

河南省语言实践报告

［日本］川合萌心（2052班）

第一天去殷墟博物院，我们看到了汉字形成的过程的展览。

第二天，我们去了许慎文化园。许慎是一个文字学家。他编撰了世界上最早的字典《说文解字》，是中国第一部系统地分析汉字字形和研究文字起源的书。他在文字方面做出的贡献是极少人能做到的，被后人尊称为“字圣”。他在《说文解字》里面说明了六书。六书是汉字构造规律，它分为象形、指事、形声、会意、转注和假借。回到宾馆时，北语给我们安排了晚上的汉字文化讲座。下面有听课听到的内容，也有在网络上查询到的关于六书的内容。象形，许慎的定义是“画成其物，随体诘诎”。用文字的线条或笔画，把要表达物体的外形特点，具体地造成出来。比如日、月、牛、女等。指事，许慎的定义是“视而可识，察而见意”，一眼看就可以认识大概，仔细看就能发现意义所在。指事字跟象形差不多，但包括比较抽象的意义。比如上、下、中等。形声，许慎的定义是“以事为名，取譬相成”。形声字有两个部分，形旁(义符)和声旁(音符)。形旁是指事字的意思或者类属，声旁表示字的相同或者相近发音。比如江、河、杨、柳等。会意，许慎的定义是“比类合谊，以见指㧑”。会意字由两个或多个独体字组成，所以组成的字形或者字义合起来，表达此字的意思。比如武、信、朝、暮等。转注，许慎的定义是“建类一首，同意相受”。各说文家解释不同。大致有形转、音转和义转。比如考和老，这两个字的本来的意思都是长者。又如颠和顶，这两个字的本意都是头顶。假借，许慎的定义是“本无其字，依声托事”。有些词原来没有为它造过专用字，只是从现成的字中选取一个读音相同或者相近的字来代替，后来习惯用了。这种借用的字的形意完全不合适的字就叫假借字。比如汤、荡。

对我来说，在日本学汉字时老师给我讲过，因而对许慎的这六书我大部分很熟悉，但是还是感觉到有意思，这样的系统让我们更容易记住汉字。

参观许慎文化园后，我们去进行汉字书法交流。我请书法家写了自己喜欢的句子，就是电影《灰姑娘》里出现的台词“坚强而勇敢，仁慈而善良”。那幅书法是我的一个珍宝，鼓励我在任何情况下，要一直保持坚强的意志，也要有勇敢的精神，同时我想珍惜仁慈和善良的心。

第三天我们参观了漯河城市展示馆。河南省舞阳县的贾湖村有中国新石器时代前期重要遗址，就是贾湖遗址。贾湖遗址被推定7500年以前到9000年以前的。出土的遗物有刻符龟甲、骨笛、稻作遗存、宗教用品等。当时贾湖人已经掌握了酒的酿造方法，选择用大米、蜂蜜、葡萄和山楂等酿造出了美酒。考古资料表明贾湖人盛行巫术崇拜。在其墓葬中，发现了大量的葬龟、权形骨器等随葬品。当时还盛行龟灵占卜，开始有了原始崇拜的意识。世界上已经公认狗和猪的驯化家养始于贾湖。同时在遗址内还发现有牛、羊、龟、鹤等动物，是目前世界上最早的家畜驯养遗迹。在贾湖遗址的人类遗骸腹部土壤样品检查中，发现了蚕丝蛋白的残留物。跟遗址中发现的编织工具和骨针核对分析，当时已经掌握了基本的编织和缝纫技艺，而且有意识地使用蚕丝纤维制作丝绸。贾湖遗址一共发掘出30多支骨笛，是世界上现存最早、保存最完整的乐器。在贾湖遗址内，发掘出中国最早的碳化稻米以及磨盘、磨棒、石铲等实物资料，证明了9000年前这里已经开始人工栽培水稻。对贾湖出土的一个单元的鱼骨进行的研究表明，贾湖人捕捞的鱼有集中捕杀的痕迹。

这四天的实践是对我来说留下了非常深刻的印象。有时我会听到很专业的词，不太明白它是什么意思。可是我们访问的地方都很有特色，让我对汉语产生了更多的兴趣。同班同学的关系就不用说了，跟其他班的同学的关系也好多了。

这次实践使我得到了宝贵的经历。参加实践，真是太好了。我想珍惜剩下的这学期和我们的友谊。

河南安阳、漯河语言实践活动报告

［日本］国井惠（2053班）

2019年11月19—22日，我参加了北京语言大学举办的赴河南安阳和漯河语言实践活动。自从我来北京之后，就再也没去过其他的城市，所以得知学校的语言实践安排，我有点兴奋。

这次的语言实践活动的目的是为了让我们留学生更加了解中国的文化。虽然我们天天在课堂上也能学到汉语以及中国文化的知识，但是这次我们学到了在课堂上学习不到的知识。

第一天我们坐高铁去了安阳，参观了殷墟博物院。讲解员给我们讲解了这个博物院的概要和所收藏的文物的历史背景等知识。她给我们讲解甲骨文时，我突然想起来以前在历史课上学过的一些甲骨文的介绍。但我没想到，今天我真的来到了课本里所说到的甲骨文的发掘地。这个博物院里有很多珍贵的文物，例如刻在乌龟壳和兽骨上的甲骨文，以及青铜鼎和骸骨等，最引人注目的还是甲骨文。我看了刻在乌龟壳的占卜结果，不太明白每个字的意思。但是边听讲解边看展品，我才发现了甲骨文和现代汉字的某些共同点。我们日本人也用繁体汉字，所以我觉得日语的源头应该也是在安阳。

然后我们离开了安阳再坐高铁去了漯河。说实话，决定参加这次语言实践活动之前，我还不知道在中国有漯河这座城市。我们到漯河的时候已经很晚了，但是经过市内的沙河和澧河时，看到的夜景非常美丽。

第二天上午我们先去了许慎文化园，参观了六书广场、汉字大道、字圣殿、叔重堂。还拜谒了东汉时期著名的经学家、文字学家、世界上第一部字典《说文解字》的编撰者——许慎。然后我们在那里参观了汉砖艺术及书法艺术，我们亲自体验到了汉砖拓片的制作过程，汉代的雕刻既精细又美丽。然后我们体验了书法艺术，很多书法家为我们写了书法作品。我请一位书法家为我写了“乐此不疲”四个字，我想当我学习汉语感到疲劳时，看到那幅书法作品就会重新打起精神。

第二天下午，我们去漯河小学跟小学生们进行了交流。在那里我们跟学生们一起参加语言比赛。两位很可爱的小主持人提了唐诗宋词等文学常识问题。活跃的学生们不仅回答自己的问题，还帮我们回答。当我看到他们拥有丰富的文学知识后，我感到非常惊讶。中国的小学生跟日本的小学生相比，在文学知识方面更广博一些。我们还看了他们做的剪纸、绘画、书法、黏土手工等作品，全都很有个性、很精美，有的色彩也很鲜艳，我甚至看不出这些是小学生的作品。有些小学生把他们亲手做的工艺品送给我们留念，我很感动。我回国时一定把他们送给我的礼物带回日本。

第三天上午，我们参观了漯河经济开发区。漯河经济开发区有很多工厂，我们参观的三家公司是卫龙食品有限公司、利通液压科技股份有限公司和开小差食品有限公司。它们的工厂干干净净，还可以看到产品生产的全过程。两家食品公司还提供了它们的产品让我们品尝。我第一次吃中国的辣条，非常好吃。回北京后，我在一家超市里看到它们公司的产品，就想到了那天的参观活动。利通公司的工厂设备也很整洁，参观者一看就知道工人是在严格遵守安全规则来生产胶管等产品。我认为支撑中国经济发展的就是这些踏实生产的工厂。

第三天下午，我们参观了漯河城市展示馆。我们在那里了解了漯河的历史、文化以及漯河发展的过程。没想到漯河的“漯”字，是专门为了漯河这个城市的名字而产生的汉字。原来漯河的“漯”是虫字旁的“螺”这个字，现在的“漯”的三点水代表市内流经的沙河和澧河。通过这个故事，我们明白了漯河人是多么重视这两条河。漫长的历史发展中，他们是依靠这两条河发展起来的。然后我们参观了沙澧河风景区。到了傍晚，夕阳西下的河川美极了，人们在散步，跳舞，甚至还有游泳的。在广场上有些女士们在练习太极扇，她们练的太极扇的动作很优美。在这儿我学会了两个河南方言——“中”和“得劲儿”。

通过这次语言实践活动，我体会到了汉字的起源及发展、漯河的悠久历史文化和经济发展以及中国的教育制度，这些全都是在课堂上学习不到的。我非常感谢安排这次活动的北语老师和漯河市各部门的领导，还有两个晚上给我们讲课的两位老师。回北京后我会继续努力学汉语。我想有一天我还会再次来漯河游玩的。

安阳、漯河语言实践报告

［哈萨克斯坦］吉安娜（2053班）

非常高兴能有向大家分享我在河南省实践时获得的知识及感受的机会。

首先，十分感谢我们的大学给我们提供的这次实践机会。

活动目的：向来华留学生介绍中国历史上占有重要地位的安阳、漯河两市的历史文化，提高汉语写作领域的知识，让留学生了解漯河小学的教育和城市工业的发展情况。

实践的第一天从安阳市开始。安阳市是中国八大古都之一，早期华夏文明的中心之一。我们参观了安阳殷墟博物院，殷墟宫殿宗庙遗址景区是世界文化遗产、中国考古学的诞生地、甲骨文的故乡。

这可不是一般的地方，中国能位列四大文明古国之一，就是因为这个地方出土的文物。在殷墟出土了中国最早的文字甲骨文及世界最大的青铜器——后母戊鼎。

殷墟的大门是仿甲骨文的“门”字建造的，红色的柱子，大门两边各有金龙盘踞其上，光看大门就觉得很雄伟！

我们看见了不远处立着的后母戊大方鼎，它高达1.33米，重达875公斤，是迄今为止世界上所发现的最大的一件青铜器，中国的国宝。再往前走我们可以看见大殿，它的房顶是由茅草建成，下面有很多红色大柱子撑着，看起来像以前皇帝的议事朝拜场所。

安阳市3000多年前相当于现在的北京，也就是当时的首都，中国八大古都之一。在古都安阳我们了解了中国最早的建筑风格，早期皇宫房屋是用什么材料怎么建造的。

下一站我们去参观了地下博物院。听讲解员讲，地下博物院保存着丰富的藏品，而甲骨文是博物院的重点。甲骨文是中国最早的成系统的文字形式，世界四大古文字之一。科学家们也正在全面研究这些甲骨文。甲骨文是我亲眼见到的最早文字，令人印象深刻的是，这些甲骨文都被刻在牛和乌龟的骨头上。

在博物院的展台上，我们可以见到解释书写方式和文字含义的相前介绍。我了解的甲骨文中三种主要造字方法为：象形、会意、形声。象形造字法是仿照图像画字，如牛、鱼、车；会意字是两个或以上的象形字结合起来，表达一定的意义，如“休”字，是人靠在树木上休息；形声字是由形符和声符结合而成，形符表意，声符表音。形声字后来发展成汉字造字法中占比例最大的种类。

殷墟宫殿宗庙区还分布着为数众多的甲骨窖穴。自 19 世纪末发现甲骨文以来，这里共出土甲骨约 150000 片。

后母戊鼎是博物院的宝贵藏品之一。鼎称为后母戊，戊是中国历史上的一种纪年方式，也是商王母亲的名字。因为在这个鼎的里面有“后母戊”这三个字，所以称为后母戊鼎。它是中国的镇国之宝，另外它还有一个名字叫司母戊鼎。鼎是一种器皿，以前的作用是做饭的锅，因为中国人的祖先在五千年前首先考虑到的是先解决老百姓的温饱问题，所以在那个时期鼎是一种厨房用具，是煮肉的锅，后来变成了权力的标志了。

同一天，我们去了漯河市。在漯河我们参观了许慎文化园、学校、企业和城市展示馆。

首先我们去了许慎文化园参观。许慎文化园以展示汉代建筑和汉字文化为主要特色，公园由几个专门致力于中国文字发展的展馆组成：六书广场、照壁、汉字大道、叔重堂、汉字故事长廊、字圣殿、说文馆、经学故事长廊、字形牌坊、许慎立像、许慎墓、蟾桂山、中华辞书博物院。其中我最喜欢的是长达 80 米的汉字大道。

公园里有专门介绍各种中国故事的雕像，比如司马光砸缸、桃园结义、岳母刺字等。岳母刺字典出《说岳全传》，表现了宋代岳母对儿子岳飞要求非常严格，教子有方，在其背上刺了“精忠报国”四个字，激励岳飞立志报国，成为一代名将。

游览后我们参观了传拓技术。传拓是以纸紧覆金石器物的文字、图画上面，然后用墨打印。老师教我们传拓技术的基本知识，也让我们用墨把石头上的字和画在纸上拓印出来。同学们都高兴地用墨水拓印图画。

我们还参观了书法艺术的展示，书法家给学生们写下他们的名字以及祝福的话或者成语。书法展示结束时，每个同学都带着书法家写的一张书法作品回去了。

按照实践计划我们还去参观了漯河小学，在那里我们受到校长和学生们的热情欢迎。

首先我们了解了漯河小学的情况，然后去听他们上课。学生们做了精心的准备欢迎我们的到来。我们跟学生们一起上了一堂完整的课，我们和学生们一共分成两个小组，用中文比赛回答问题。这节充满快乐的课给我留下了深刻的印象，小学生们把他们自己做的明信片送给了我们。我收到的明信片上写着：“祝你在生活上每天快快乐乐！学业上越来越好，比以前更上一层楼！ 加油！！！”这个礼物对我十分珍贵。我们每个北语留学生都收到了漯河小学生的礼物。我们还参观了小学生们的雕刻、绘画、剪纸课堂，我很高兴有机会与小学生交流，这让我更深入地了解了中国小学的教育情况。

晚上，我们听了老师们的讲座，这个讲座让我了解了汉字的起源、造字方法、演变过程，我们还有机会向老师询问有关汉字的问题。这个讲座对我学习汉语有很大帮助。

实践的第三天，我们去当地的企业考察。漯河市有各种各样的企业，我们参观了卫龙食品有限公司、利通液压科技股份有限公司、开小差食品有限公司。我们听了公司负责人的介绍，品尝了公司生产的食品。

然后我们去参观了漯河城市展示馆,了解了漯河的历史、文化和经济，我认真地听了讲解员的介绍。博物院有很多现代化的设备，这让我们得以直观地了解漯河市。

在河南的实践体验，给我留下了很好的印象：宁静的生活环境，各种各样的美味小吃，各种有趣的活动。这次实践给我留下了深刻的影响，心里充满欢乐。我学到了很多，了解了河南省的历史和文化，见证了漯河的高质量发展，加强了与同学们的沟通交流。

感谢各位老师让我们了解河南省的历史及文化。

一次深入难忘的语言实践报告

［泰国］娄诗雅（2053班 ）

“今年的长途语言实践，我们要去的地方是河南省的安阳和漯河。”听完老师的这句话我很兴奋，因为作为一个外国人，第一次来中国，对汉语和中国文化很感兴趣，知道自己有机会到别的城市学习，尤其是跟很多外国同学一起，就觉得很高兴，这样的机会对我来说很难得。从那一天起，我就对这次实践翘首以待。

这次长途语言实践的目的是让留学生更深入地了解中国文化。亲身去体验一种文化是不可或缺的，因为我们在课堂上学到的知识是有限的，如果想要更深入地了解中国文化，就要到当地去亲身体验它。只有亲身体验到博大的中国文化，把自己的心灵植根于中国文化之中，这样才能真正地了解中国。

2019 年 11 月 19 日，第一天，我们来到了安阳，参观了殷墟博物院。讲解员给我们介绍了很多中国历史和文物知识。中国是四大文明古国之一，拥有上下五千年的历史，在四大文化古国中只有中国文明的发展未曾间断。

河南是中国文化最悠久的地方之一。博物院里面的文物很有特色，每一个文物都有特别的历史，里面还有很多古代的器物，比如玉器、骨器、青铜器等。最使我拍案叫绝的是汉字的前身——甲骨文。实际上对我而言汉字很难，当我写汉字的时候我总是想为什么汉字这么难、这么复杂，汉字是从哪里来的呢？今天我恍然大悟，甲骨文是中国最早的成系统的文字形式，是世界上最古老的三大文字体系之一，其中只有甲骨文经过发展后沿用至今。甲骨文不仅证明古老的汉字是独立起源的，还提供了中国古代独立的文字造字法则。在这里我还了解了一些甲骨文的造字方法、甲骨文的读写方式，知道了很多汉字的原形。

第二天，我们来到了漯河，参观了许慎文化园。许慎文化园是依托全国重点文物保护单位许慎墓规划建设而成，以展示汉代建筑和汉字文化为主要特色。讲解员给我们介绍了许多文物和建筑，比如：汉字大道、六书广场、字圣殿、字形牌坊和许慎墓等，让我们感受到漯河悠久的历史。我们还体验了中国传统的活字印刷术，它是一种古代印刷方法，是中国古代劳动人民经过长期实践和研究才发明的。当我看到这些用古老印刷技术印刷出作品时，我真想自己亲身体验一下，讲解员说我们每个人都可以来试一试，我就自己动手体验了一下儿这种古老的印刷技术。第一次体验这样伟大的技术让我很兴奋，也觉得很有意思。另外我们还跟书法家进行了交流学习，他们还为我们写了书法作品。

下午我们参观了漯河小学。这所小学是全国传统文化艺术学校。我们与六年级的学生进行了诗歌比赛活动，我听说中国的小孩子都很厉害，他们都很努力学习，我们看到似乎每一首古诗他们都背得下来，当我问我旁边的小学生时，他说这些古诗他们都会背，将来总有一天能派上用场。他的回答让我对他们十分钦佩。随后我们参观了小学生的兴趣课堂，比如书法、绘画、剪纸等。看到这些中国的小学生，我不由得怀念起我小时候的时光，我真的没有他们这么厉害。我觉得他们不仅有才能，而且还在积极地不断努力提高自己。中国的学生真的令我钦佩。

晚上，我们参加了一个讲座，老师给我们讲了汉字的六种造字方法——“六书”。“六书”是古人解说汉字的结构和使用方法而归纳出来的六种方法。有象形（例如“月”字像一弯明月的形状）、指事（例如“上”“下”是在主体“一”的上方或下方画上标示符号）、会意（例如“鸣”指鸟的叫声，用“口”和“鸟”组合而成）、形声、转注（属于用字法，大致有“形转”“音转”“义转”三说）和假借。通过这次讲座，我学到了很多新知识，让我对汉字的了解更加深了一步。

第三天，我们参观了漯河经济技术开发区。我们一共参观了三个公司：一是卫龙食品有限公司。这家公司很有名，我们在每个超市都可以买到卫龙的食品。我们品尝了各式各样的食品，每种食品的味道都很有特色。二是利通液压科技股份有限公司。在这里我们看到了很多以前没见过的机器。三是开小差食品有限公司。在这里我们不但品尝了各式各样的食品，而且还与公司的员工进行了互动，中国公司的员工和我们这些外国留学生表演了舞蹈和歌曲，我们都很开心。

下午我们去参观了漯河城市展示馆。讲解员给我们介绍了漯河的历史、经济，文化和漯河有名的地方。随后我们参观了沙澧河风景区，这里的风景很美。在景区我们遇到了一些正在跳舞的当地阿姨，我们还跟阿姨们学了一些舞蹈，我觉得很有意思。

晚上我们参加的讲座，主要讲解汉字的部首。学习汉语，部首是很重要的。因为我们可以通过部首知道汉字的来源，学会部首使我们会读、会写汉字，并知道这个汉字的意思。汉字造字还可以分成三类：加一加（加声，例如：“马”字生成“驾”和“驹”，意思都和“马”有关）、换一换（更换形符，形成不同意义的字，例如“女”和“马”生成“妈”）、编一编（利用部首讲故事，例如“乌”和“鸟”）。

第四天，是我们回北京的日子，我依依不舍地离开了漯河。对我来说，这次长途语言实践带给我很多以前没有过的经历。每个地方、每个活动都给我留下了很深的印象，也让我了解了更多的中国文化，提升了我的汉语水平，同时还增进了同学之间的友谊。我想如果我没有参加这次长途语言实践，我真的会懊悔不已。

河南安阳、漯河语言实践报告

［泰国］王博雅（2053班）

2019年11月19—22日，我有机会跟北京语言大学中级（下）的同学一起去河南安阳、漯河实践。说实话，出发之前我很兴奋，因为我听说河南是中国最古老文字——甲骨文——的发源地。不是每个人都能得到这么好的机会亲眼去看看甲骨文的，因此我很期待这次长途语言实践。

这次实践的目的是为了让我们更好地了解中国的文化、历史和社会等方面。虽然我们学过了很多关于中国的知识，但是“百闻不如一见”，既然选择学习汉语，就应该亲自去体验真正的中国文化。

2019年11月19日，我们从北京语言大学出发，乘坐大巴和高铁到河南安阳。到安阳之后，我们就去参观了殷墟博物院。

殷墟博物院是中国商朝后期都城遗址。在这里，我看到了商朝皇宫的遗址。除了有机会看到文物，我还学到了很多中国古文字的知识，比如说甲骨文的造字方法、甲骨文的读写方式等知识。

甲骨文是中国最古老的文字。

甲骨文还让我知道古人比较迷信。他们用刀在龟甲或牛胛骨上刻字，然后用火烧就会发生裂纹，他们就用那些裂纹来占卜各种各样的事情。

11 月 20 日，我们去许慎文化园参观。许慎对汉字有很大的贡献，他收集了大量的汉字，从中发现了古人造字的规律，他把这些规律写成了一本书叫《说文解字》，因此许慎对中国古文字研究有非常大的贡献。

在许慎文化园我第一次见到传拓，传拓是拓印文字的一种方法。传拓可以分为两种：擦拓和扑拓。我有机会亲手体验了传拓这种古老的技艺，我觉得这个活动比较好玩儿。

除了跟朋友们一起拓了一幅画以外，我还请一位书法家为我写了孔子说的一句话："知之为知之，不知为不知，是知也。"我选这句话是因为它给我留下了很深的印象。有时候我不想承认自己不了解某种事情，因为怕别人看不起我。但这句话提醒我，应该承认自己在知识上的不足。知道就是知道，不知道就是不知道，这样才是一种智慧。我很高兴得到了书法家给我写的这张书法作品。以后一看到这张书法作品，我都会想起去这次去河南实践的经历。

11月20日下午，我们去参观了漯河小学。我们跟小学生们一起玩背诵中国古诗词的游戏。说实话，看到他们的游戏我就愣住了，因为我没想到中国的小学生要学习这么难的内容。小学生不仅学习书上的知识，他们还学习多种多样的中国艺术，比如书法、剪纸、绘画等。漯河小学的小学生还送给我不少他们自己制作的纪念品。跟小学生们交流并一起做活动，让我觉得自己充满了活力，这是我最开心的一天。

11月21日，我们去参观了中国的工厂，其中有卫龙、开小差等。我们在各家工厂看到了生产产品的各个过程，还品尝了他们生产的各种食品。下午我们还去参观了漯河城市展示馆和沙澧河风景区。在沙澧河风景区，我有机会看到本地人练河南式的太极拳。

总而言之，通过这次实践，我学到了许多知识，其中最主要的知识就是甲骨文和汉字造字的方法。

许慎在《说文解字》里解释造字法和用字法一共有六种。人们把这六种方法叫作“六书”。“六书”有象形、指事、会意、形声、假借和转注。象形是最重要的一种造字方法，因为其他的造字方法，比如指事、会意、形声等，都是在象形的基础上发展起来的。比如“木”是象形字，在“木”字下面加上一个符号就成了“本”，“本”这个字用的是指事的造字方法。

独体为文，合体为字。独体字是指没有偏旁的汉字，那就是象形字，比如“人”“木”等。合体字是指有形旁或声旁的汉字，那就是会意字和形声字。会意字是由两个或三个形旁组成的，比如“从”“众”等，而形声字由形旁和声旁组成的，比如“妈”“把”等。

除了学到很多知识，我得到的最重要的收获就是友谊，这次活动让我认识了很多新朋友，我有机会跟同学交流、聊天儿。说实话，上课时有很多同学我没有跟他们谈过话，但是一起去实践，让我有机会跟他们开开心心地聊天儿。

通过这次实践学到的知识和给我留下了记忆，都是让我永远不能忘记的。如果有机会的话，我还希望再跟同学们一起去实践。

探察中国古代的中原：河南省

［意大利］马天（2054班）

自古以来，人类就幻想能探索各种未经勘察的地方，尤其是历史上欧洲人始终幻想能探索各种地方。尽管欧洲人探索的欲望是无穷无尽的，但是到目前为止他们依旧对亚洲历史、地理、习俗、文化等等知之甚少，更不用说对我现在所在的国家，大名鼎鼎的中华人民共和国了。

今年不仅是我第一次来到亚洲，而且也是我第一次踏入中国。一句话，我对什么都感兴趣。

当老师告诉全班同学们 11 月 19 日我们有机会参加一个为期四天的去河南省的实践活动时，我没想到居然还有这样的机会，心里十分激动，这引起了我的兴趣和好奇心，因为我认为实践是知识的来源。老师给了我和同学们一个惊喜。

以最佳方式开始，第一天我们参观了安阳市内的商代都城遗址——殷墟。安阳市是中国历史文化名城之一，又是中国“七大古都”之一。大约在公元前1300年，商君盘庚迁都安阳附近的小屯村，历时273年，安阳是商代后期的政治、经济中心。

商代并不是一个落后的时代，而是一个辉煌而奇妙的时代。多亏了导游，我们学会了很多生词，得到了很多准确的知识。比如商文化可划分为早、中、晚三大阶段，势力范围略有不同。殷墟作为都邑，在商人心目中有着崇高地位，被称为“大邑商”。安阳位于太行山林虑山系以东安阳盆地与华北平原接汇地带的洹河河畔，是一个国家级旅游景区和国家考古遗址公园。

殷墟博物院的面积很大，一共是3535平方米，包括展厅、文物库房、研究室、报告厅等等。

我对中国知之甚少，更不用说中国传统艺术、古代家具和日常生活用器，可是那天我不由得欣赏了博物院收藏的许多藏品：灰陶、红陶、白陶、硬陶等等。除了陶器之外，在殷墟博物院我们也看到了许多马车、乐器、军刀和最重要的甲骨文。

在意大利我知道有甲骨文的存在，能有机会亲眼看到这些精品真好！这给我留下了深刻的印象。我没想到那些甲骨那么大，甲骨文那么典雅。总之，参观殷墟遗址是一个很有意思的经历！

在漯河市我们又待了三天。

漯河人的热情难以用语言来形容。亮奇酒店的服务人员、导游们、许慎学校的学生和校长都热情地接待了我们。我用不着详细地描写酒店多么气派，房间多么豪华，餐厅的美食多么好吃，气氛多么和谐友好，这都是中国文化的特有之处。

在漯河许慎文化园，我们全身心地投入到汉字世界里。门口后面，除了许慎的黑色雕塑之外，还有一条路叫“汉字大道”。这条路以汉字的历史演变为线索分为十个路段，由古至今，反映了汉字的发展变化。参观完汉字大道以后，导游让我们攀登成功阶梯：这是一个非常欢乐的时刻，因为攀登阶梯的时候很多同学被绊倒了两三次，但是最后我们都取得了成功。

随后我们参观了漯河许慎小学。对大部分同学来说，这个活动给他们留下了不可磨灭的印象。那天之前我从来都不知道怎么跟中国孩子沟通，心里暗暗忐忑不安，连怎么开始说话都不知道。好在孩子们都非常活泼、热情。他们对外国人感到好奇，所以我们一进入教室，就受到了热烈的欢迎。他们对陌生人并不认生，有什么事都跟我们分享。这所学校培养学生的乐感、美感，提高技术能力和动手能力。一句话，他们在这里学习所有对未来有用的东西。为表示欢迎，每个班的小学生都给我们表演了各种各样的节目，我发现他们都十分擅长歌舞，跳得十分美妙。尤其是一个孩子在台上舞着刀弄着剑，吸引了很多观众的注意力，他真是一个男子汉！

他们还问我我的国家的主要信息，请我唱意大利歌曲。我当然没有拒绝。他们很有兴趣地听着我讲述，主动问我问题、为我喝彩。 表演以后我们交换了礼物。

最后一天上午我们参观了三家产品质量过硬的比较出名的本地工厂。工厂里都很整齐干净，工人都很忙，销售额肯定很高。这三个公司分别是卫龙有限公司、利通有限公司和开小差有限公司。看着工人工作的地方，我认为“人人讲安全，家家保平安”是最适合的口号。并且我发现秩序和卫生在他们心中占据了重要的地位。作为他们的一点儿心意，工厂向我们赠送了它们生产的许多食品。这是工厂给我们的一个留念。

这个实践活动终于结束了。我依依不舍地离开了这座城市，离开了河南省。迟早有一天我会再去一次河南省。

汉字的过去和未来

［日本］小堀杏樹（2054班）

2019年11月19—22日，北京语言大学汉语进修学院的中高级94名学生去河南省安阳市和漯河市进行了语言实践。从北京出发，经历3个小时左右的车程，我们终于到了此次我们要进行语言实践的地点——安阳。这次实践安排如下：在安阳参观完殷墟博物院后，到漯河市参观和考察许慎文化园、许慎小学、经济技术开发区、漯河城市展示馆和沙澧河建设区。

古巴比伦文明、古埃及文明、古印度文明和中国文明是世界上最早发源的四大文明。三大文字体系包括巴比伦文明的楔形文字，埃及文明的象形文字和黄河文明的甲骨文。这三种文字，只有从甲骨文发展而来的汉字从商代至今在不断地发展并被使用。甲骨文的历史可以追溯到3300多年前。开始，甲骨文在占卜时使用。甲骨文是1936年在小屯村被发现的。当时挖掘出来的甲骨有两种，一种是乌龟背即卜甲，另一种是公牛的肩胛骨即卜骨。认识到甲骨上文字的价值以前，小屯村周边的居民把甲骨从地下挖出来。因为甲骨可以作为一种中药药材入药，这被人们所熟知。但是，买甲骨的店铺不接受有文字的甲骨，所以当地人们就把甲骨上面的文字刮掉。后来，王懿荣发现买的甲骨上有文字，开始了甲骨文的研究。殷墟甲骨文算得上是汉字的鼻祖。和现代汉字相比,甲骨文更像图画。古文字到现代简体字是如何发展的呢?首先可以追溯到 8 千多年前的远古符号，这些符号主要是刻在陶器上的。其次是甲骨文，大概有 3300 年历史，主要是刻在龟甲兽骨上的符号。然后是金文，因为刻在青铜器等金属品上，所以命名为金文。随后，人们把文字写在竹简丝帛上，有了简牍帛书。后来出现了不同的字体，比如从金文发展的篆书、楷书、行书。最后，是我们现在在电脑上常用的宋体字。不同的时间发展出不同的字体。

自 4 世纪汉字传到我们国家以后，日本的文字也发展出两种形式：一种是从汉字的草体发明的平假名，另一种是从汉字中抽出的一部分或从平假名变化而来的片假名。在从中国到日本的传播演变过程中，有些汉字的意思跟本来的意思完全不一样了。例如，“娘”在日语是女儿的意思，而在汉语是母亲的意思。令人惊讶的是，日语中有 1500 多个字是汉语中不存在的字。比如“畑”在日语指田。1868年以后，“腺”“鳕”“氧”等一些日式汉字引入到汉语，一些科学方面的词汇也开始出现在汉语当中。不像汉语，日语里的外来借词是不翻译的，而是用差不多的音代替，如：エプロン（围裙）。这样做没有翻译那么麻烦，不过我们说话的时候好像已经不是原汁原味的日语了。我希望日语里也有像“可口可乐”这样的词，它在翻译成汉语的过程中，意思和发音都有本土化的改变。

我现在还对高中时电子邮件里使用的表情符号记忆犹新。如今，随着手机的普及，这些表情符号已经普及了。虽然这些符号并不在正式场合使用，但是当跟亲密的人使用时，只用一个符号就能明白对方的意思，很方便。这样的交流让我想到甲骨文。这二者都是人或人的行为的图画符号。这是否是经过3500多年后我们文字重新焕发活力的表现？

虽然我们待在安阳和漯河的时间只有三天，但是通过这次难得的机会，我们不仅亲眼看到了汉字丰富的历史、感受到了汉字的文化，而且还尝到跟北京菜口味不一样的特色地道菜，比如凉粉，烤羊肉等。在北京生活的我们也难得体验了一下中国普通老百姓的生活。两市人民对我们的到来表示热烈的欢迎。多亏了安阳、漯河两市和北京语言大学，使我们这次实践获得了巨大的收获。

一次收获很大的语言实践报告

［老挝］英达翁（2054班）

今年我有很好的机会来到北京语言大学进一步提高我的汉语水平。当老师通知我们有到河南实践的机会时，我跟自己说这次机会难得，一定要去。对我来说，能看到中国最早的汉字，参观许慎文化园，参加书法篆刻交流会，听汉语专家的讲座，考察漯河实验小学，游览漯河市展示馆和沙澧河建设区，很棒！我们这次收获很大。

参观殷墟博物院

殷墟是国家级旅游景区与国家考古遗址公园。殷墟博物院由中国设计院严格按照科学、环保、安全的要求进行设计，并注重遗址保护与遗址景观的协调。俯瞰殷墟博物院，会看到它酷似甲骨文的“洹”字，取殷墟附洹河之意，突出了洹水在商代文明中的重要作用。我了解到了安阳殷墟作为都邑先后经历了两大阶段：一是洹北商城时期，二是殷墟时期。陶器是商代百姓最主要的日常用器，可分为灰陶、白陶、红陶、硬陶、原始瓷器等。这里还有其他的日常生活用器，如铜器、石器、骨角器、木竹漆器、蚌器等。除此之外，还有一些装饰品。

商代以海贝为货币。拥有海贝象征着拥有财富。因此殷墟发现的商代墓葬中，海贝成为常见的随葬品。就算是平民墓，一般也随葬数枚海贝，多口含或手握。作为货币的海贝，顶部皆磨一小孔，便于穿绳。故推测后来的铜钱中间挖圆串起来使用就来源于此。

手工业是商朝经济的重要组成部分。商代手工业门类众多，包括制陶、制骨、制玉、铸铜、制车、制绳、酿酒、纺织等。不同的手工业常常聚集在一起进行生产，形成了大型的“手工业园区”。

甲骨文的三次大发现

1936 年在小屯村发现第 127 号甲骨坑，出土甲骨 17096 片，其中卜甲 17088 片，卜骨 8 片。

1972 年在小屯南地发现刻辞甲骨 5335 片，其中卜甲 75 片，卜骨 5248 片、牛肋骨 4 片。

1991 年在花园庄东地发现 1 座甲骨坑 (H3)。出土甲骨

1583片，其中刻辞甲骨579片，完整的刻辞卜甲300余版。

参观许慎文化园

我在参观许慎文化园时看到了很多古代的汉字。在这座园子里汉字随处可见。在古代人的日用物品上、石柱上、大门上、翰林阁、许慎文化研究中心等都能看到古代的汉字。

汉字大道以汉字在历史演变过程中出现的不同字体、书体为线索，按十个路段由古至今，依次反映汉字的过去和现在：第一路段选择史前远古符号经典范例揭示汉字的源远流长；第二至第四路段追溯秦汉之前的汉字，主要展示了甲骨文、金文、简帛书的样本；第五至第七路段的汉字分别取材于古代篆书、隶书、楷书、行书、草书的著名作品；第七路段展示现代的常用汉字，为汉字的现代坐标。汉字大道是一部汉字发展史。汉字的古今嬗变印证着中华民族发展变化的历史足迹，展现了它强大的生命力。

我们还看到了很多的故事，比如铁杵磨针、闻鸡起舞、负薪挂角、凿壁借光、孟母教子。我们班也参加了汉砖拓印这个活动，我觉得中国古代文化很丰富。

参观许慎小学

许慎小学前身是漯河实验小学，始建于1963年，历史悠久。现在许慎小学有 50 多个教学班，3000 多名学生，100 余位教师。我们这一次参观了很多的班，比如书法班。在书法班我们受到小学生的热烈欢迎。他们一对一教我们怎么写书法。这是我第一次写书法，非常激动。每个小孩子都很可爱。我们还参观了画画班、音乐班、羽毛球班、手工班等，最后我们还有机会到一个班跟小学生交流。那个班的班长会把我接到他们的班。我是第一个到他们班的。看到他们，我非常激动、紧张，后来我们两位同学进来后我就放松多了。在那个班，老师让我简单介绍了我们的国家以后，他们就开始为我们表演，比如唱歌、跳舞，最后他们还提出让我们唱歌。我和一位韩国同学一起唱了一首《朋友》。最后我们和学生一起唱，很开心。

这次漯河当地政府还安排了很多活动让我们了解中国的文化、中国汉字的历史、漯河的企业等。在漯河企业开发区，我是第一次看到企业生产的过程，感受很深。在漯河城市展示馆，我们可以看到漯河市的城市设计图，听他们讲漯河市以前老百姓的生活，人们跟沙澧河的关系，漯河市经济发展变化等。我了解到以前人们用船进行运输，人们的来往也靠船，但是现在不是这样了。

通过这次实践，我认为漯河市是一个很漂亮很美丽的城市，像漯河的中山公园、彩虹桥都很美。而且我觉得这次河南实践最重要的是我们班更团结了，我们一起收获了快乐，我很感动。最后我对安排这次实践的各位领导表示感谢，感谢各位老师的支持，带我们那么多天，很累。谢谢你们!

河南实践

［日本］土田纱月（2054班）

2019年11月19—22日，我们中级下的留学生去了河南实践。通过这次实践，我们看到了很多珍贵的东西，跟当地人进行交流，获得了很多新的知识。在这个报告里，我想介绍一下通过这次实践学到的知识。

我们到河南的第一天，首先去的地方是殷墟宫殿宗庙遗址。在这个博物院，我第一次知道了河南是以甲骨文闻名的地方。这个殷墟宫殿宗庙遗址是最早发现甲骨文的地方。甲骨文是约3600多年前人们使用的文字，那个时候人们把文字写在乌龟的龟壳上，所以那些文字叫“甲骨文”。跟现在的汉字相比，甲骨文更像图画。对我们外国人来说，学习汉字是很难的，但是如果从甲骨文开始学习，我们就能更加了解汉字是怎么形成的，更容易学习汉字。

第二天我们先去了许慎文化园。许慎出生于河南省漯河市，是研究汉字的文字学家。他花了近30年时间编撰了世界上第一部字典《说文解字》。因为他写的这部字典闻名于世界，所以研究《说文解字》的人，皆称许慎为“许君”，称《说文解字》为“许书”，称其学为“许学”。在这个地方我们学习了汉字是怎么从甲骨文变成现在的样子的，汉字是怎样构成的。比如说，“目”代表眼睛的意思，所以，跟眼睛有关的词或者东西都含有“目”这个部首，比如，“眉”，“看”等等。除了甲骨文，我们还看了汉字其他的字体。导游说，汉字还有“草书”“楷书”“行书”等等字体。现在我们用的汉字是从甲骨文演变而成的。我在日本的时候学习过书法，我写过那些字体，但是那个时候不知道汉字是怎么发展变化的。但是当我了解了汉字是怎么发展演变的，我觉得我会更用心地写字。

第二天，我们去的第二个地方是漯河的小学。我们去的小学是许慎小学。我们跟小学生交流的机会很少，去学校之前我不知道我应该怎么跟他们交流，有点儿怕。但是我们一进学校，就受到了小学生们的热烈欢迎，我都忘了刚才害怕的感觉。首先看看他们上课时的情况。我最吃惊的是中国的小学有太极拳课。我觉得这是中国的特有的。而且，他们做太极拳的动作很不错。我在中国体验过太极拳，太极拳很难，我不能像他们那样做动作做得那么快。我觉得他们从小开始练习太极拳，所以水平很高。我还跟小学生一起体验了剪纸课。那个时候一个女孩儿帮我剪。这是我第一次跟当地的小学生交流，所以我很紧张。可是那个女孩儿特别温柔，一步一步很详细地解说。多亏了她，我渐渐缓解了紧张的心情，能够很开心地度过剩下的时间。然后我们分开了，二三个人一组，去一个班和小学生交流。这个活动给我留下了最深刻的印象。我们给他们介绍自己的国家，我的国家在哪儿，我的母语"你好"怎么说等等。小学生们对我的国家很感兴趣，很努力地听我说的话。然后小学生们请我们用母语签名。我很高兴小学生们对我的国家那么关心。我希望通过这次交流能让他们喜欢上我们的国家。

第三天，这次实践的最后一天，我们参观的是漯河当地一些很有名的公司。我们参观的是利通公司、卫龙公司和开小差。利通公司是一家工业的公司，对我来说有点难。但是我感觉利通公司是很厉害的公司，剩下的两家公司是生产零食的公司。我在超市常常看到那些零食，特别是卫龙公司的辣条，开小差的爆米花。在这里，我们还能看到那些东西的生产过程，机械都很大，很少的时间能产生很多的东西。机械上有很多吃的东西，我看到那些吃的东西都饿了。

通过这次实践,我体验了上课的时候不能体验到的事情。而且，用汉语跟很多人交流，提高了我的汉语能力。比起我刚来中国的时候，我感到我的汉语水平提高了。这次实践给我留下了特别深刻的印象。我永远不会忘记。

河南实践报告

［日本］阿部文花（2054班）

实践的第一天，我早上4：00点就起床了。等同学们集合后，我们坐巴士去了北京西站。那个时候，有的同学在巴士上睡觉，有的同学在跟朋友兴奋地聊天，我也很开心，很期待看到河南是什么样的地方。北京西站到安阳东站坐高铁3个小时就能到。这次我们坐的高铁又干净又舒服。我以为日本的新干线是最好的，但是从这以后我觉得中国高铁也很好。

到安阳东站后，我们就去殷墟博物院参观了。殷墟博物院是一个国家级5A旅游景区，那里保存着古代人制造的很多东西。比如，古人的日常生活用具、货币、装饰品之类的东西。我们在殷墟博物院了解了关于甲骨文的历史、古代人的生活方式以及他们发明的东西等等。在殷墟博物院，一位导游给我们介绍了甲骨文的历史。但是对我来说，听懂她说的话有点难，因为里面有很多生词。这让我意识到以后我要更加努力学习汉语。

参观完殷墟博物院后，我们坐高铁去了漯河。漯河是一个小城市，所以非常安静，空气也很好。我对漯河的第一印象很好，那儿的生活节奏很慢。到漯河的酒店后我们就去吃饭了。酒店的菜很好吃。我朋友说她接受不了那边的菜，因为他不喜欢香菜，但是我喜欢香菜，所以我喜欢那边的菜。

第二天上午我们去参观了许慎文化园。在许慎文化园我们爬了“成功阶梯”，爬到顶峰意味着我以后一定会成功。成功阶梯很难爬，这告诉我们获得成功是特别难的事情，所以要坚持。

我还学了很多成语。“铁杵磨针”这个故事让我印象最深。它是说只要有恒心，一直努力，什么事情都会成功。李白小时候，不喜欢学习，是个不认真的学生。有一天他回家后发现他的妈妈正在磨一根粗的铁杵，李白问妈妈在干什么，妈妈回答说在磨铁杵。李白又问为什么，妈妈笑着说她要做细细的绣花针。李白说这么粗的铁杵什么时候才能变成绣花针呀。妈妈说只要她下的功夫比别人深，就没有做不到的事。李白听了妈妈的话后再也不逃学了。我听了这个故事后下定决心，以后我一定要比别人更努力。

下午我们去了许慎小学，跟小学生进行文化交流。在小学我第一次体验剪纸，一个可爱的小学生教我怎么剪纸，我自己觉得做得还不错。据一个小学生说，那所小学一共有三千多人。中国小学生特别热情，比日本的小学生热情得多。上课的时候专心听课，主动发言。我很惭愧，因为我是小学生的时候学习积极性没有那么高，上课的时候不喜欢发言。我觉得日本小学生应该模仿中国小学生，上课认真听讲、积极发言。

第三天上午，我们去了三家公司的工厂，两个是食品公司，另一个是利通液压。工厂都又大又干净。参观工厂以前我不知道这三家公司，但是参观后在北京常常看到它们公司的标志。

下午，我们去了漯河城市展示馆和公园。我特别喜欢那个公园，因为那边人很少，特别安静而且风景非常美丽。我很喜欢漯河。以后有机会的话，我想再去一次漯河。

河南语言实践

［葡萄牙］谷一诺（2054班 ）

上个月，北京语言大学中级下的许多学生去了河南，参加为期四天三夜的语言实践活动，我也是其中的一员。我们凌晨五点就在学校东门集合，一起乘大巴去往北京西站。许多同学都因为早起感到十分疲倦，但他们更多的还是激动，因为我们要去的是一个我们知之甚少而又充满了新鲜感的地方。

在乘坐快速舒适的高铁到达安阳后，许多人都因为在高铁上补了一觉，精神快速地恢复过来了。午饭过后我们参观了第一个景点，国家5A级旅游景区——殷墟博物院。这里是中国历史上第一个有文献可考并被考古学和甲骨文所证实的都城遗址。因此，甲骨文成为此次参观的重点，并在以后的景点中反复出现。

参观过博物院后，我们一行人再次乘坐学校大巴来到火车站，准备乘坐开往漯河的动车。漯河是一个美丽宁静的小城，百姓真诚友好，民风淳朴。由于我们很早就起床开始了一天的旅程，大家又历经了几个小时的车程，非常疲劳，所以我们在亮奇酒店吃完晚餐后就早早地上床休息了。这是疲惫却充满期待的一天，大家都渴望探索更多新的地方。

旅途的第二天从参观许慎文化园开始。许慎花了三十年编撰了《说文解字》。这是中国第一部系统地分析汉字字形和考究字源的字书，也是世界上较早的字典之一。许慎首次对“六书”做出了具体的解释。除了了解到汉字的起源和历史之外，我们还有幸见到了河南几位著名的书法家。他们送了我们一些书法作品，我们也都沉浸在这些书法作品美好的意境中。我还有幸了解到中国汉字历史的发展演变。最让我感到惊奇的还是当天下午的经历，即参观许慎小学。校园中孩子们甜甜的笑容和开放包容的态度深深地感染了我们。我们跟孩子们一起度过了一段难忘的时光，他们向我们大方地展示了自己的兴趣爱好，也让我们切身地体会到了他们对学习新事物、结识新朋友的热情。他们还送给我们他们亲手制作的礼物，给我们表演了令我们终生难忘的节目。这都让我们感觉到我们被满满的爱包围着。

第三天便是我整个行程中最喜欢的部分——参观河南经济技术开发区。开发区中有许多不同的企业，其中我最喜欢的是零食公司“卫龙”。它们除了向我们展示了公司的内部运作之外，还特意为我们准备了一小段舞蹈。这次我们尝到了两家企业的小零食，一家是之前提到的有很多年历史的“卫龙”，另一家是新成立但充满希望的公司——“开小差”。我之所以如此喜欢这一天，是因为，在我出生和生活的国家——葡萄牙，我也会经常买卫龙的辣条。在朋友的推荐下，我第一次品尝后就爱上了它。所以，就别提当我知道我在这里可以尝到卫龙所有系列的产品时有多惊喜了！最后我真的是满载而归，提了一大袋零食回酒店。

旅途的最后一站我们来到了漯河城市展示馆。这里向我们全方位地展示了这个城市的一切：历史、经济、文化等等，显示出了漯河人民为他们居住的这片土地是多么自豪。

第四天一大早，我们就在早饭后乘坐高铁离开了河南，回到了北京。每个人都很累但很快乐。因为我们能参观河南这个历史悠久又美丽的省份，加深同学间的情谊。这次旅行加深了我们对中国文化的了解。这是一次值得我们好好珍惜的经历。简而言之，用河南方言的一个字来形容这次实践就是“中”！

实践报告

［缅甸］金善恩（2054班）

我在北语已经学习汉语三个多月了。这学期期中，老师们给同学们安排了去河南游览的实践活动。凡是中级下的学生都可以参加实践。我们在河南实践了四天。在实践的四天之内，我们收获了不少知识。

2019 年 11 月 19 号早上我们从北语出发，坐了三个小时的高铁，中午 12 点到了安阳。吃了午饭，我们去殷墟博物院参观。当我们到了博物院的时候，我们看到了两扇完全一样的门。两扇门合在一起的形态与甲骨文中的“门”字很像，两扇门的旁边我们还可以看到金黄色的龙的形状，也可以说中国最早的龙的形状之一。那个地方是三千多年前的皇宫。虽然它现在是一片废墟，但它不是一片普通的废墟，在那里出土了中国最早的文字——甲骨文，发掘了世界上最大的铜器后母戊鼎。那些仿建用土木建造的房屋使我们想象出三千年前这个地方一定是个非常大的皇宫所在地。

下午 5：00 我们去了安阳地铁站，坐高铁去了漯河。我们到漯河的时候已经晚上九点了。漯河的工作人员来接我们，然后带我们去亮奇酒店。到宾馆的时候我们又累又饿。所以我们吃饭后就休息了。

第二天早上我们去参观了许慎文化园。早在 1900 多年前许慎编写了中国最大的字典《说文解字》，简称《说文》。《说文解字》是中国第一部按部首编排的字典，也是世界上最早的字典之一。许慎文化园是为了纪念许慎而建造的。我们一进去就看到了许慎对文字概括解释的 24 个字。我们还看到了许慎首创的字典里面的 540 个部首。

古时候的汉语跟现在的不一样。听了讲解员的讲解，我们了解了现在我们经常看到的汉字最初是什么样子，中间如何发展，如何变化才形成了现在的样子。了解了文字的历史以后，我对文字产生了一种强烈的兴趣。然后我们继续参观了拓片文字的技术，还跟书法家进行了短暂的交流。中午 12：00 我们回宾馆吃饭，然后休息了一会儿。下午 2：30 我们去参观了漯河的许慎小学。在小学，令我印象最深的是小朋友们热情好客。 能跟学生们互动交流是我在中国学习汉语期间一次很难得的机会。小朋友们的活动真是让我感动，让我想起了我童年美好的回忆。我们都很开心，一点儿累的感觉都没有了。小朋友们还送给我们很多他们用心制作的小礼物。虽然这些都是小礼物，但是在我看来都特别宝贵、特别有意义。回去的时候我们的心里有了一种空虚感，真是舍不得离开。下午6：00我们回到了酒店。我们吃了饭，然后听了一个半小时的讲座。

11月21日早上7：00，我们匆匆吃了早饭，坐车去了漯河的经济技术开发区。我们去参观了三个工厂，跟工人们一起参加了一些活动，大家都玩得很开心。他们还送给我们工厂生产的零食。我们衷心地感谢他们为我们准备了这些礼物。中午12：00我们回到了酒店。我们吃了饭休息了一会儿，下午2：30我们去参观了漯河城市展示馆。在那里，我们了解到跟以前相比漯河城市有很多变化，发展了很多。然后我们又参观了沙澧河。在沙澧河边夕阳反照的美丽风景真让我感觉很幸福。我和同学们还有老师们一起拍照，合影，开开心心地过了实践的最后一天。

时间过得真快，不知不觉中就到了该返回北京的时刻。11月22日在酒店吃过早饭，我们先出发去郑州东站，然后从那里坐高铁回北京。

这次我们去河南实践收获很多。首先我们了解了中国的风俗文化；第二，我们学到了丰富的知识，内心感到很满足；第三，我们回忆起了美好的童年；最后跟同学们用汉语一起聊天儿，一起吃饭，一起开玩笑，一起合影，我觉得这几天我们之间的关系比以前更亲密了。总之，虽然这次实践很累，但是大家玩儿得开心极了。

安阳、漯河行

［美国］傅义凛（2055班）

作为学习汉语的外国学生，有机会在中国与老师同学们一起旅行并运用自己在课堂上学到的知识，这是非常宝贵的机会。在安阳市和漯河市的实践期间，我们不仅了解了很多当地的文化和历史，而且还增进了班级的友谊。作为班长，我有责任帮助老师管理组织同学。这项职责很累人，但我很乐意提供帮助，也感谢同学们的积极配合。

我们在安阳的时间很短，参观了殷墟博物院，在那里我们能够了解安阳的历史，特别是关于它作为商朝首都的作用。对我来说，访问安阳是一种新体验。我以前住在河南，曾到过许多地方，但是我从未去过安阳，所以很高兴能去一个新地方。参观博物院后，我们乘火车去了漯河，吃了晚饭，劳累一天后就休息了。

第二天，我们参观了纪念“汉字之父”许慎的文化园。

我去年曾去过这个地方，所以我对这个地方有点了解。但是，去年我的汉语水平不如今年，因此这次我可以理解得更多。非常吸引我的一件事是汉字从古代到现代的演变。同时感谢书法老师来给我们免费写书法。我的名字是傅义凛，从“大义凛然”这个成语来的，所以老师给我写了“大义凛然”的条幅。

吃过午饭后，我们参观了漯河小学。我对这项活动感到有点紧张，因为我一直不擅长与孩子们交流。但这些孩子非常有礼貌，而且很成熟，我很高兴认识他们。他们与我们一起参加了开幕典礼，专门设计了一些我们留学生可以参加的比赛。比赛需要掌握汉语谚语，因此，我们留学生自然无法与中国学生抗衡。这所学校各个年龄段的学生都准备了手工艺品，并赠送我们许多礼物。我感到遗憾的是，孩子们给了我六七个礼物，包括精美的书法和素描，而我只带了两个北京的小礼物和他们分享。这次学生采访了我，他们在采访中使用英语，这让我感到惊讶。

我们的班级还参观了许多当地工厂，其中一些工厂生产零食、电线等。参观这些地方的目的是向我们展示漯河市的经济发展。这些公司热情好客，为我们提供免费小吃。

在最后一天，我们参观了一个新的展览厅，里面记录着漯河市的经济发展情况。这个地方的先进技术给我留下了深刻的印象，该技术使用VR讲述了漯河的故事。之后，我们参观了沙澧河沿岸的公园。导游向我们介绍了漯河的历史，并教给我们一些河南话。

总之，我认为这次旅行有益我们了解中国历史和经济发展。我们班在这次活动中也增进了友谊。我感谢北京语言大学提供的实践机会，并希望将来会有很多类似的机会。作为学习汉语并希望尽可能多地了解中国的外国人，这样的机会总是很宝贵。

2019年秋河南实践有感

［乌克兰］玛丽娜（2055班）

实践目的

每一门语言都包含很丰富的信息，它包含了该民族的文化、历史、传统以及风俗。中文是古老的语言之一，所以学习中文的时候，必须知道文字的来源和历史。河南省与中国历史有很大关系，参观这些地方不仅帮助外国人了解中文，而且让他们了解中国其他地区的特点。“中国那么大，我想去看看！”我们外国人来中国学习就是因为我们都爱上了中文，对中国的生活感兴趣，因此2019年11月北京语言大学的老师为一百多个来华留学生安排了前往河南省的实践。

一、甲骨文的故乡

第一天我们前往了河南省的安阳市。来到中国之前，我早就知道安阳市是中国八大古都之一、甲骨文的故乡。我们参观的第一站是殷墟，这是国家考古遗址公园。导游给我们讲了中国最古老文字的历史。以前我一听龟甲和兽骨，就觉得那应该是比较小的石头形的东西，但实际上这些龟甲真的挺大的。甲骨文不是像原始居民在石头上雕刻的一般的图片，龟甲上的句子都有意义，有内在逻辑关系。最让我吃惊的是“朋”字的来历。甲骨文的“朋”是系在一起的两串玉片，这些串是古代的货币单位，所以甲骨文的“朋”表示买家和卖家之间的交易。殷墟的面积很大，有很多考古遗址，我们都学到了很多知识。

二、许慎的老家

参观安阳市之后，我们前往了河南省的漯河市。在漯河的第一天我们参观了许慎公园。在参观过程中，有趣的导游给我留下了深刻的印象，他讲得很兴奋，一看就知道他有多么喜欢自己的工作。书法老师给我们写了我们喜欢的话。经过再三考虑，我选了“心想事成”，我要把它送给妈妈，让她挂在办公室。每天看着这句话，她会知道自己的女儿虽然在很远的地方，但不是在白白浪费时间，她在很认真地学习中国文化。

下午我们去参观了漯河小学。小朋友们都很热情，准备了很多礼物，都是亲手做的，让我们都感到不好意思。

我们和小学生们进行唐诗比赛，很遗憾我们的中国文学知识储备不够，都不能跟小学的孩子相比。他们的表现真的很精彩。

实践的前两天都跟历史有关，但在漯河的第二天我们去了解了现代漯河的情况。我们参观了漯河市最有名的几个企业，包括“开小差”“卫龙”“利通液压科技”等。我们还参观了漯河市展览馆。这是我第一次看到那么现代化的地方，馆内的布展陈设使用了很多数字技术，让我感到很新奇。

老师们还为我们安排了两场关于许慎《说文解字》的讲座。老师们讲得很简单，但很仔细。通过这次讲座我学到了六书和部首的一些知识。我本科毕业考试的主题就是关于《说文解字》，可惜我以前没去过漯河，不然我肯定会得满分。

三、实践收获

时间过得真快，不知不觉四天就过去了，现在我们都回到北京了。在实践过程中我们不仅亲身感受到了中国的发展实况，而且了解了中国文字的历史，还认识了很多朋友。中国历史悠久文化灿烂，同时中国现代的发展也成绩斐然。

非常感谢北京语言大学为我们提供这次机会，感谢老师们陪我们度过了四天的美好时光，感谢同学们和我一起分享这次欢乐！

安阳和漯河语言实践

［白俄罗斯］尼娜（2055班）

语言实践目的

2019年11月19日我们的语言实践开始。在去之前我老是在想为什么我们去安阳和漯河实践学习，当我到达那个地方以后就明白了：我来中国的目的不仅仅是学好汉语，而且要了解中国文化、中国历史、风土人情。因此，我们的学院给予我们这样的机会。这个实践的目的就是让我们了解汉字的历史，也接触与我们自己家乡和北京不同的地方。

安阳和漯河的特点

我们的第一站是安阳。众所周知，安阳是甲骨文的故乡。我们去过了殷墟博物院，博物院里有很多珍贵的展览品，它们都有悠久的历史。有一个展览品引起了我的关注。那个展览品就是中国商代的货币——海贝。那时候我第一次得知天然海贝在中国历史上竟然是最早的货币。我还看到了在中国历史课本上介绍过的甲骨文。

第二天我们去了漯河。我们去过了不少好玩儿的地方，其中有许慎文化园、漯河小学、经济技术开发区、漯河市博物院、漯河城市展示馆和漯河市沙澧河风景区。

我们从许慎文化园开始参观，导游首先讲了一些关于许慎和对中国文化做出贡献的其他名人的故事，然后我们参加了书法和活（铅）字印刷术的大师讲课。我们还能每人得到一位书法家为我们书写自己选择句子的作品。我们去的第二个地方就是漯河小学。在白俄罗斯我的专业是现代外语教学，所以我来到中国以后很想去中国学校看看课程，我的计划终于实现了。这所学校的孩子非常热情，他们特地为我们准备比赛，学生帮我们回答跟唐诗有关的问题。他们给我们送了很多自己做的礼物。可惜，我带来的糖果不够，所以没有机会给所有的学生送礼物。

第三天我们去了经济技术开发区，参观了食品工厂和别的工厂。以前我从来没尝过中国的休闲零食，那天几家工厂给我们尝一下他们的产品。吃完午饭以后我们坐大巴去漯河市博物院。那儿的展览品不一般，博物院用高科技讲漯河的历史，演示这个城市的发展。我有机会坐虚拟现实车，好像我真正从漯河上空飞过了，很好玩儿。最后的地方是漯河城市展示馆和漯河市沙澧河风景区。导游讲得好极了，她很容易引起人们的注意。这个地方很值得参观，晚上到处是各种颜色的灯光，漯河的老人集合在这个公园打太极拳，一些学生试了一下打太极拳。三天很快过去了，第四天我们已经回到北语了。

实践收获

实践很快结束了，可是关于这次旅游的愉快回忆永远留在我的脑海里。我们参观了不少文化和历史名胜古迹，安阳和漯河语言实践让我们了解了汉字的历史，让我明白一个道理：想要学好汉字，一定也要了解中国历史文化和中国古人的思想。毫无疑问，实践对我们提高汉语水平很有帮助。非常感谢北京语言大学，我永远不会忘记我们的语言实践。

河南省安阳市和漯河市实践报告

[韩国] 黄明洙（2056班）

开学大概三个月了，听老师们说话我也慢慢地习惯了。正好我们中级汉语下班同学一百多个人和几位老师们于2019年11月19—22日一起去河南省旅行。说实话，这不是一般的旅行，而是学习汉语的实践，所以除了衣服以外，实践过程中需要的食、住、行等等一切东西都是由学校精心安排的。中国有一句话，“实践出真知”，我在心中记着这句话，踏上了火车。

第一天我们从北京西站坐高铁去安阳市。安阳位于河北省和河南省之交，就是殷商遗迹被发现的城市。我们参观的地方是殷墟博物院。殷商是大致三千六百年前的王朝。听说殷商的首都城本来在河南省商丘市，可是后来搬到现在的安阳市。殷以青铜文明著称。在出土的文物中常见的是青铜鼎，其中最有名的叫后母戊鼎。听讲解员说，这就是迄今世界上发现的最大的青铜器。不过殷墟的最高的价值应该在发现甲骨文。甲骨文是一种古代的汉字，现在发现的甲骨文五千多个，解读出来的只不过三分之一。对考古学者来说， 为了了解古代的生活和文化，解读甲骨文非常重要。听说如果有人解读出一个文字，他可能会获得很高的奖金。在出土的文物中还有殉葬人的遗骨，有的是成人的，有的是儿童的，其中有些没有腿。这样殉葬的人犯了什么罪了呢？或许也没犯什么罪。我们现代的人通过有限的遗物、有限的文字来推测古代的生活，但谁保证什么是真实的呢？我们只能猜测当时的事实。我忽然有点担心了。刚从博物院出来的时候我们看到了一座女将军的石像。她的名字是“妇好”，是最早的女将军和政治家。她右手抓着一把斧钺，望着前边的洹水。她究竟是什么样的人呢？我和她之间隔着三千五百年的岁月，如果再过去三千五百年的话，后面的时代的人会怎么认为我们呢？日暮之时我们离开安阳向漯河去了。

第二天上午我们去了许慎文化园。许慎是东汉时期的人物，写了一本书，叫《说文解字》。他在这本书上说明了汉字的造字和用字原理：指事、象形、会意、形声、转注、假借，还整理出了540个汉字部首。其实许慎文化园与殷墟博物院相比更有意思。天气比前一天更冷了，但是由于讲解员的热情和吸引力，很多同学们都关注着她的讲解。在参观中，我们学会了一些与学习有关的成语，例如铁杵磨针、闻鸡起舞、负薪挂角、凿壁借光等等。我还记得篆刻印刷体验和书法家写字的活动。我让一位草书书法家帮我写了一个句子：“上善若水，水善利万物而不争。”我希望自己能够做一位像水的人。下午我们到许慎小学去了。很多孩子们向我们欢呼。就他们而言，我们“老外”肯定是他们好奇的对象。反正我们都非常感动。这么多孩子们对我们的一举一动喝彩不断。孩子们单纯的眼神和激动的欢呼让我难忘。

第三天上午我们参观了几家工厂。有的是生产零食的，有的是生制造各种管状产品的。不管怎么说，印象最深刻的还是开小差工厂。它们准备了很多产品，还有些活动。有一位专业舞蹈家在工厂的广场上表演了中国传统的舞蹈，有的同学表演了中文说唱，还有的同学表演了拉丁舞。别的同学呢，有的一边吃零食一边聊天，有的参与拔河比赛，慢慢地互相熟悉了。我们留学生来自不同的国家，学习汉语各有各的想法，不过有一个共同点——每个人都对中国、汉语很感兴趣。我认为感兴趣是互相了解、理解的出发点。我希望通过这次实践，我们每个参与此次实践的留学生不但对中国而且对别的国家多一些了解。下午我们参观了漯河市展示馆和沙澧河公园。我们清晰直观地看到了城市的发展，并且体验了中国老百姓的夜晚休闲生活。

第四天我们先后经过许昌、郑州最后回到了北京。我好像在哪儿听过这样的话："旅行使人成长。"虽然这次旅行不久，但是我的收获并不少。我对中国的了解更多了，与同学的感情更深了，对老师们的感恩也更深了。趁这个机会我特别感谢汉语进修学院教务办公室的老师们和许多无名志愿者。谢谢！

河南实践日记

［法国］固羽（2056班）

第一天

天还黑着，外面还很冷。其实，室内也不暖和。我特意动一动我麻木的肌肉，把被子拉开，匆匆起来。卧室昏暗，我花几分钟才找到裤子和袜子。穿好衣服以后，我去浴室洗脸、刷牙、上厕所，还玩了一会手机放松一下，我应该不会迟到。

我最后一次检查我的背包：三件 T 恤、三条内裤、三双袜子，还有我穿着的衣服，应该完全够了。我把昨天去家乐福买的巧克力、饼干和糖塞在我的背包中间口袋里。我猛然想起一件事，惶恐地摸了摸我的裤兜然后找到我的护照。我被我自己吓到了。看起来我没有忘带东西。四点半，我终于用滴滴叫了一辆车然后出门。

这么早打车居然很容易。我五点就到了北语。北京前一天晚上大风很猛，月亮既清又明，星星都像闪闪发光的水晶浮在一片黑茫茫的湖里。一队人已经在一楼大厦前面等着其他学生和老师。在这安安静静的夜晚，忽然传来三辆大巴行驶的声音。我们等所有的人集合完，然后分成三个小组上车。

到了北京西站，我们下了车再集合一遍。老师们好像比较担心我们会迷路或者丢火车票，因此让我们像贵宾不用票地直接进去。为了避免迟到，我们提前一个半小时到了火车站，因而在候车室等到上午九点，终于可以登上往安阳去的火车。

九点，候车室的门开了，我们都上火车，很快出发了。大楼慢慢被田野代替，但天空保存它的苍苍颜色。保定，石家庄，邢台市……农村和城市的风景经常变换。我们往往也可以看到一群大楼与天际线相接，让我联想到大洋中孤独的小岛。

中午，我们到了安阳。这是实践的第一站。下车，集合，上本地的大巴往市中心去，我们到了一家餐厅吃午饭，这顿饭很好吃。我们一起坐在那种大圆餐桌旁吃饭，同学们都一边吃一边聊，气氛热烈。

吃完以后，我们往一个关于古老的汉字的博物院去。它的位置在安阳的郊区。为了给我们介绍这个地方和它的故事和知识，每一辆大巴都有一个导游陪着。总之这个博物院是关于中国古代商朝和中国最早发现的汉字——甲骨文。当时，安阳是商朝的首都，因此在这个地方考古学家挖掘了很多那时的东西，比如武器、首饰以及甲骨文。

参观完博物院以后，我们回到了来时的火车站。这一次，老师们给我们发了票。好在没有人把票丢了。火车到了的时候我们就上车往漯河去。我们到站时，太阳已经落山了。漯河看起来比安阳热闹得多。火车站好像离市中心不远，人和大楼并不少。我们再上了大巴去了酒店。到了以后我们立刻去宴会厅里安慰我们的肚子。它们满意以后，我们回到自己的房间。所有的房间都是两个人的。晚上十点到了。我定了一个早上六点四十五的闹钟，和我的室友说晚安，然后就睡着了。

第二天

我睡醒的时候居然发现自己一点都不累，反而感觉精力充沛。我的室友提前通知我，他不会跟我一起下去吃早饭，所以我很快洗了澡，然后赶去吃了今天的第一顿饭。

早上八点，所有的学生和老师都在酒店的大客厅里，准备上大巴去漯河的一个博物院。这个博物院也是和汉字有关。

其实，汉字就是它的重点。这个地方是许慎的文化园。他是《说文解字》的作者，因此对中国有巨大的影响。我们的导游既热情又风趣。我特别喜欢那些跟教育有关的成语的故事：铁杵磨针、闻鸡起舞、负薪挂角、凿壁借光以及孟母教子。这些成语故事鼓舞我继续努力学汉语。

我们接着去了一个楼，导游教我们一个古老的制画方法，就是中国古时的人用石头、纸以及墨水复制画的方法。尽管我们自己尝试做了，但不太成功，这个活动在我的脑海里留下了一个深刻的印象。我们之后参加了一个书法的活动。每一个人可以请一位书法家写自己喜欢的话。我特意去问了老师表达胜利的成语。因此，我带着一张写着“马到成功”的书法作品上了大巴返回酒店。

在酒店吃中饭以后，我们去了漯河小学。我们在那研究了中国孩子的学校教育，和小朋友们参了加各种各样的活动，比如书法课、画画课等。我们之后分别被十岁左右的孩子拉进他们的教室里。我给那些小朋友介绍我的祖国，给他们写我的名字，在离开他们之前给了他们我带来的礼物——一盒饼干和一盒巧克力。

我们之后回到酒店吃晚饭，然后参加了一个超级有趣的讲座，关于我们今天早上学过的知识。大概一两个小时讲座才结束。我当时已经困极了，讲座一结束就回房间睡觉。

第三天

由于私人原因，我第三天需要赶回北京。因此，我没有参加第三天的活动，吃了早餐我就去漯河火车站坐火车回北京了。

河南实践

［俄罗斯］索和燕（2056班）

11月19—22日，我们留学生去语言实践。为了了解一下中国文化和历史，我们去了安阳和漯河这两座河南的城市。

每次旅行都从赶路开始，这次也不例外。我们乘坐的是又舒服又快速的高铁，所以到目的地非常快。虽然速度很快，但从窗户看出去可看到在田地上工作的中国人、云雾、树林、小村子等等。

我们的第一个目的是安阳，中国古都之一。

郭沫若写道：

洹水安阳名不虚，三千年前是帝都。
雨中踏寻王裕口，殉葬惊看有众奴。

风和日丽的安阳仿佛在欢迎我们，我们吃了一顿可口的午饭就到国家考古遗址公园去，考古学家觉得这是殷墟古都的位置。

殷墟是商代（1600−1046）后期都城遗址，现在是文化博物院，而且还被列入世界文化遗产名录。博物院的展览是关于商人的生活和文化的，在那儿可以看到各种各样的古老文物。除此之外，这个地方很独特，而且有对于科学的重大意义，因为从 1928 年到 1937 年在这儿开始第一次中国考古发掘，从那以后，考古学历史开始。那个考古发掘的成果是极大数量的商代的收藏品，包括 15 万多片甲骨文，都发现于殷墟。甲骨文是古代刻在龟甲和兽骨上的文字，内容多是殷人占卜的记录，现在的汉字就是从甲骨文演变下来的。骨上的占卜内容差不多都跟天气、战争，祭祀等有关系。在这儿我们有机会了解一下甲骨文的意义，真的很有意思。

收藏品有些是精美的骨器、青铜器、石器等等。商代的人是很聪明的，他们有很漂亮的贝具（它们也叫庞贝或海贝），可以用骨雕刻出很小的物件，会以青铜器铸造武器。商代人习惯用骨豆来做饭。

听导游讲解，我们知道了好多关于展品的故事。比如我们看到些商代酒杯（斝、觚等等），它们跟仪式有关系。有意思的是男的酒杯有特别的拉长的鼻头儿，这样大胡子男子汉能不怕喝酒不方便。由于这个原因女人的酒杯是口作喇叭形，细腰，高足，腹部和足部各有四条棱角的，因为女孩儿要慢慢地喝酒，要优雅地喝酒。商人也觉得喝酒以后一个人就能洗心革面。

对商代人来说，祭祀和占卜是生活中最重要的两方面。在殷墟考古学家找到了些古代坟场和各种各样的祭品。说到商代人，需要说到一位女性。这位女性叫妇好，在殷墟博物院你可以找到她的纪念像和坟墓。

妇好是最伟大的中国女人之一，是第一位女性军事统帅，而且是一位女祭司。妇好是商武丁的妻子。她是聪明、不屈不挠、忠实的女英雄。在妇好墓里有更多祭品和青铜器。第二天实践的整天献给许慎，一位东汉经学家、一位古代文字学家，从前他写说文解字十四卷，为中国第一部系统分析字形和考究字源的专著，对后世影响很大。

我们到了许慎文化园，也是一座博物院和汉字研究中心。我们的讲解是从六书广场和汉字大道开始的。古代字、古书的样子、古代写字的方法、材料，从甲骨文到草书，这些信息都在岩石上刻着。

讲解结束以后我们去玩儿一会儿。我们了解了转拓的方法和工具，最后，大家还齐心协力做了一幅拓画。

通过这次实践，我们知道好多有意思的成语、了解它们的意义、知道其中的故事。成语跟文化特点、人的生活有密切关系。讲解员经常说成语，再加上在许慎文化园有一个成语小公园，铁杵磨针、闻鸡起舞、负薪挂角、凿壁借光等等，这些成语都跟成功有关系，意思是只要努力学习、勤奋工作就一定会成功。

通往成功的路很难，但是我们准备好了！

第二天，除了游览许慎文化园，我们还有两个活动——先到许慎小学与小学生互动，又听了关于许慎与《说文解字》的讲座。

许慎小学是一个奇妙的地方。在那儿孩子们参加各种各样的兴趣小组：古典音乐、书法、剪纸艺术、绘画等等。

我们也有机会与孩子们一起画画儿、剪纸，连琴也可以弹一下。

许慎小学里孩子们在操场上锻炼身体，比如打太极拳、练气功、踢足球、打羽毛球。在许慎小学甲骨文到处都是，学校门前还有许慎的雕像。孩子们用 3D 打印笔创作艺术作品、用最新的电脑写控制程序、做机器人。他们这么小对技术设备却操作非常熟练。孩子们很热情，我们来到他们的学校很高兴，问好多关于我们的国家的问题，给我们送很多小礼物，他们的表演很精彩又很有意思。

我们给他们唱了一首俄罗斯的歌、送了一些外国小礼物、让他们尝一尝俄罗斯巧克力。这是那天我喜欢的活动。

晚上我们有关于许慎与《说文解字》的讲座，我们继续了解汉字。老师给我们讲六书是古人分析汉字而归纳出来的六种条例，即指事、象形、形声、会意、转注、假借。

第三天我们临时离开文字的主题。上午我们参观了三家漯河开发区的工厂。利通公司建造高强度材料，我们亲眼看见怎么在引线加高强度纤维，长了见识。卫龙和开小差两家生产特别的食品，味道很不错。我们还品尝了他们的食品，我特别喜欢甜瓜子。

在开小差工厂里，我们也玩得很尽兴。

午饭以后我们的大巴停在漯河博物院前面，在那儿留学生可以多了解点儿漯河历史，展示了漯河的过去、现在，畅想漯河的将来。

日落时我们到了一座公园散步。天公作美，那时没有大风，天很晴。日落时河水很美。公园里有很多纪念像，比如一块石上有花木兰的故事，原来她是河南人。

晚上我们还有一堂讲座。李华强老师给我们讲部首，部首能影响字的声音或指词义。部首也是许慎的遗产。汉字出现是个又长又难的过程，有四个方法：分化、合并、混同、变异。它们都不一样，可很有逻辑。

现在这次实践已结束了。我想对所有的老师表示感谢，这次小游玩安排得很周到。我还想谢谢我们的讲解员，他们看起来很喜欢自己的工作和家乡。汉字和中国的历史很长，这次实践帮助我们更多地了解了中国的历史与文化。还要感谢我的同学，他们都很有趣！

实践报告

［俄罗斯］郭莲香（戈尔布诺娃·瓦列丽雅）（2056班）

众所周知，学习过程中最重要的是把理论与实践相结合。感谢北京语言大学给我们提供实践的机会，2019 年 11 月我们全班都去了河南省实践，参观了很多地方。我们留学生对中国文化知之甚少，但是通过这次活动我们了解了很多中国文化知识，获得了有用的经验。我对中国历史非常感兴趣，所以这次实践给我留下难忘的印象。

河南省在全国历史上占重要地位。河南省是中国古代文明的发源地。河南省有很多大名鼎鼎的古城，比如洛阳——四大古都之一，开封——北宋首都，安阳——八大古都之一。第一天我们去了安阳。在安阳我们参观了一所有特色的博物院。在那里我们看到了甲骨卜辞、周朝铜鼎、马车和各种各样的武器。虽然我在国家博物院已经看过这样的历史文物，但是它们给我留下了深刻的印象。我特别喜欢看甲骨文。甲骨文和金文是中国最早的文字符号系统。除了甲骨文，我们还看到了妇好纪念像。妇好是武丁的 64 位妻子之一（幸好这个风俗已经成为历史了），最重要的是她是中国第一位女将军。我在俄罗斯已经看过乐府诗《木兰诗》，一首关于名叫花木兰的女孩的北朝民歌。但是在我看来，妇好的故事像《木兰诗》一样让人振奋。我觉得这样的故事鼓励女性在社会上发展自我的能力。参观这所博物院以后，我们坐高铁去漯河。

第二天早上我们去了漯河博物院。我非常喜欢这所博物院，在那里我们看到了很多有意思的展览品。讲解员给我们讲很有意思的汉字演变历程：甲骨文、金文、大篆、小篆、隶书、楷书、草书、行书。我们还看见王羲之写的《兰亭集序》。这所博物院有一些文化活动，比如我们一起参加拓片大师课。虽然我们的纸破了，但是我觉得我们的作品还不错。我们还去了博物院公园，在那里有很多成语雕塑。我非常喜欢这个地方。我觉得学习成语很重要，因为成语是文化不可分割的部分。成语体现了中国语言的特色，学习成语可以帮助我们外国人理解中国文化。

第二天下午我们去了许慎小学。这所学校里有各种各样的课程。小学对德、智、体全面发展有严肃的态度。为了充分发挥潜能、激发创造力，小学提供很多机会，有很多课：

乐团、弹奏传统乐器、书法、机器人技术、用3D打印笔画画儿等等。我认为现代技术与传统文化相结合是最好的学习方法。小学生非常热情，他们把一些亲手制作的手工艺品送给我们。第二天晚上我们有关于许慎与《说文解字》的讲座。漯河人因许慎而自豪。许慎是中国第一部系统分析字形和考究字源的专著的作者，对后世影响很大。第三天晚上我们还有一个讲座，是关于汉字部首的。我非常喜欢这个讲座，因为部首是打开汉字大门深入中华文化的一把钥匙。

第三天早上我们一起去了三个工厂，两个工厂生产吃的东西，另外一个生产水龙带。可惜，我根本不吃辣的，所以不能品尝到小吃的味道，但是我喜欢看生产东西的过程。这些工厂让我看到现代的漯河。大工厂数量表示最近的经济发展形势非常好，因为扩大生产能提供很多就业岗位。第三天下午我们去了沙澧河博物院参观。我非常喜欢这所现代的博物院。那里有很多照片、陈列、交互式导览平台。然后我们都去了漯河公园，公园漂亮极了。

人生中最有用的是自己的经验。多积累经验，为未来打好基础。我非常感谢北京语言大学给我们提供实践的机会。我觉得这样的机会对我们的学习有好处。这个实践让我们了解中国历史、了解中国文化、学习成语。谢谢北京语言大学为留学生提供这个机会！

中级汉语下的实践活动

[英国] 马乐蓓(2056班)

为了让我们更深入地体会中国文化，学校组织中级汉语下的留学生一起去河南省语言实践。学生自己选择要不要参加这次实践。因为我想看看北京以外中国的其他城市是什么样子，所以我决定报名参加这次活动。在河南省，我们参加了各种各样的活动，比如参观了博物院、小学、企业等等。对我来说，这次活动既有意思又有价值。对北京语言大学中级汉语下的老师们和热情的河南人民，我非常感谢。

第一天，我们早上 5：20 在教一楼的对面集合。因为早上 5：40 大巴出发，所以老师再三说不能迟到。我们从北京西站坐高铁到安阳。我们到达了安阳，随即去餐厅吃了饭。吃了饭以后，我们参观了博物院。这家博物院跟安阳的历史有关。因为对中国历史我知之甚少，所以我觉得这家博物院非常有意思。可惜我们的导游说中文说得很快，要不是有英文翻译我会都听不懂。参观完博物院以后，我们又坐高铁去漯河，晚上 9：00 才到达酒店，我们都已筋疲力尽。

第二天，我们参观了一家跟甲骨文有关的博物院，让我更加了解汉字的历史和发展。在我看来，这家博物院跟第一天的相比内容更有意思。在这家博物院里面，也有各种各样的跟虚拟现实有关系的游戏。为了玩儿这些游戏需要戴着虚拟现实眼镜。我玩儿了一个虚拟现实的过山车，但是那种眼镜让我有一点儿晕，所以我需要停下来休息一会。别的游戏也有，因为第一个游戏让我有一点儿晕，所以我不敢尝试别的游戏。

吃完午饭以后，我们参观了一所小学。因为这所小学提倡文化交流，所以它让我们看小学不同的课。一进入这所小学，我们就看到很多上体育课的学生。我觉得因为学生们可能没有见过很多外国人，所以我们的一举一动都引起了他们的注意。除了体育课之外，我们也参与了书法课、羽毛球课、艺术课等等。我们还看了学校的音乐课、编程课什么的。他们什么课都上，学生虽然很小，但是很有天分。在学校里的最后一个活动就是进入一个班，与那个班进行深入互动，我们介绍自己的国家还看学生的表演。一进入教室，老师就让我们介绍我们自己，给学生们表演。我们毫无准备，好在我知道一个英语绕口令，于是就表演了绕口令。学生们的表演很丰富，他们唱歌、跳舞等等，表演的时候我们三个外国学生都专心地看着他们。表演结束以后，学生送给我们很多的礼物。我的两个礼物已经送给了别的学生，所以没有东西送给他们，让我既尴尬又内疚。

第三天，上午我们参观了四家工厂，我最喜欢那家制造爆米花儿的工厂，因为他们送给我们很多免费的零食。除了这个以外，在工厂的外面也有一些表演和比赛。比如一家公司安排了一个舞蹈家来跳舞，她跳舞跳得非常好。舞蹈结束了以后，她邀请我们一起跳舞。我喜欢跳舞，但是跳得说不上好，所以我不敢在同学们和老师们的面前跳舞！那家公司还准备了一个拔河的活动，比赛的结果就是北京语言大学赢了。下午，我们参观了一个展览，更了解了漯河的发展和未来的规划。参观了展览以后，我们一起游览了一个公园。我们日落时分才到这个公园，夕阳下的公园风景特别漂亮。

最后一天，我们早上7：00就出发了，坐大巴到郑州火车站。我们需要很早起床，好在我前一天晚上收拾了我的行李。我们到达了郑州火车站以后，有两个半小时等待高铁出发。我们在一个非常舒服的地方等待高铁，好像是一个私人的休息厅，只有北京语言大学师生在内。我们大概晚上6:00到达北京语言大学。我一到达了大学，就回宿舍休息。

对我来说，这次去河南的经历非常有价值。参观安阳和漯河让我更了解中国文化和历史，还有交了新朋友。除了这个之外，因为我每天说听中文，所以也让我进一步提高了自己的汉语水平。如果下个学期中级下同学们问我应不应该参加这个实践，我会强烈建议他们去！